财经新知文丛·体验系列

体验双创生活

王　涛　编著

中国财经出版传媒集团

经济科学出版社

Economic Science Press

图书在版编目（CIP）数据

体验双创生活／王涛编著．—北京：经济科学
出版社，2018.2（2018.11 重印）
（财经新知文丛．体验系列）
ISBN 978 - 7 - 5141 - 9135 - 6

Ⅰ.①体… Ⅱ.①王… Ⅲ.①技术革新 -
基本知识 Ⅳ.①F062.4

中国版本图书馆 CIP 数据核字（2018）第 047564 号

责任编辑：白留杰　侯晓霞
责任校对：刘　昕
责任印制：李　鹏

体验双创生活

王　涛　编著

经济科学出版社出版、发行　新华书店经销
社址：北京市海淀区阜成路甲 28 号　邮编：100142
教材分社电话：010 - 88191345　发行部电话：010 - 88191522
网址：www. esp. com. cn
电子邮件：houxiaoxia@ esp. com. cn
天猫网店：经济科学出版社旗舰店
网址：http：//jjkxcbs. tmall. com
北京密兴印刷有限公司印装
880 × 1230　32 开　6 印张　150000 字
2018 年 2 月第 1 版　2018 年 11 月第 5 次印刷
ISBN 978 - 7 - 5141 - 9135 - 6　定价：18. 00 元
（图书出现印装问题，本社负责调换。电话：010 - 88191510）
（版权所有　侵权必究　举报电话：010 - 88191586
电子邮箱：dbts@ esp. com. cn）

编委会名单

主　编　刘明晖　梁　峰

成　员　(按姓氏笔画排序)

王　涛　田娟娟　白留杰

孙泽华　李晓庆　邱晓文

张　芳　郑琳琳　段永军

贾玉衡　郭　莹　梁　爽

总　序

　　党的十八大以来，以创新、协调、绿色、开放、共享为核心的新发展理念日益深入人心。五大发展理念，符合中国国情和发展阶段的基本特征，顺应了时代要求，指明了"十三五"乃至更长时期我国的发展思路、发展方向和发展着力点。深入理解、准确把握新发展理念的科学内涵和实践要求，对于我国破解发展难题，厚植发展优势，实施乡村振兴战略，实现"两个一百年"奋斗目标，具有重大现实意义和深远历史意义。

　　创新是引领发展的第一动力。发展动力决定发展速度、效能、可持续性。树立创新发展理念，就必须把创新摆在国家发展全局的核心位置，不断推进理论创新、制度创新、科技创新、文化创新等各方面创新，让创新贯穿党和国家的一切工作，让创新在全社会蔚然成风。

　　协调是持续健康发展的内在要求。树立协调发展理念，重点在于促进城乡区域协调发展，促进经济社会协调发展，促进新型工业化、信息化、城镇化、农业现代化同步发展，在增强国家硬实力的同时注重提升国家软实力，不断增强发展整体性。

　　绿色是永续发展的必要条件和人民对美好生活追求的重要体现。绿色发展，就是要解决好人与自然和谐共生问题，就是要走生产发展、生活富裕、生态良好的文明发展道路，推动清洁生产和绿色消费，加快建设资源节约型、环境友好型社会，形成人与自然和谐发展的现代化建设新格局，推进美丽中国建设，为全球生态安全做出新贡献。

开放是国家繁荣发展的必由之路。树立开放发展理念，就是要顺应我国经济深度融入世界经济的趋势，奉行互利共赢的开放战略，推动"一带一路"国际合作，积极参与全球经济治理和公共产品供给，提高我国在全球经济治理中的话语权，推动构建人类命运共同体。

共享是中国特色社会主义的本质要求。共享发展就要让全体人民共享国家经济、政治、文化、社会、生态文明各方面建设成果。树立共享发展理念，就是要坚持发展为了人民、发展依靠人民、发展成果由人民共享，做出更有效的制度安排，使全体人民在共建共享发展中有更多获得感，增强发展动力，增进人民团结，朝着共同富裕方向稳步前进。

五大发展理念，是我国引领中长期发展的理念。创新发展，是我国经济进入新常态后培育新动力的必然选择；协调发展，是缩小发展差距，解决地区之间、城乡之间发展不平衡的重要举措；绿色发展，是协调人与自然关系、还人民群众一个天蓝地绿水清的宜居环境的客观要求；开放发展，是统筹国内外发展，由"追赶""跟随"到"引领"并为世界发展贡献中国智慧的必由之路；共享发展，是让人民有更多获得感、让群众生活更美好的重要途径。

为了使读者深入理解和准确把握新发展理念的科学内涵，了解新发展理念在实践中的具体运用，我们响应党和国家关于"全民阅读"的系列计划与行动倡议，组织有关专家编写了这套"财经新知文丛"书系。"文丛"为开放性通俗读本，结合读者对于财经问题的关切，分别以不同的主题系列陆续推出。

　　"财经新知文丛·体验系列"首批共推出八本，具体包括：《体验"一带一路"》《体验双创生活》《体验微型金融》《体验绿色消费》《体验智慧城市》《体验微商经营》《体验特色小镇》《体验健康服务》。本丛书分别从不同的视角，展示新发展理念的生动实践，以及对我们日常生活的影响，对于开拓我们的视野，启迪我们的智慧，丰富我们的生活，将有很大的帮助。今后，我们还将根据社会发展和广大读者的需要，进一步推出新的内容。

　　为了能使读者在获取知识的同时享受阅读的快乐，本丛书遵循了以下原则。

　　1. 内容上力争积极、正面、严谨、科学，使读者在获取相关知识的同时在思想上有所启迪。

　　2. 形式上力求用较为通俗易懂的语言，深入浅出地介绍通识性知识、讲述基础性内容，使读者在获取知识的同时体验阅读的愉悦感。

　　3. 结构上避免专著与教材的呆板模式，按"问题"方式展开全书内容，适当插入一些"专家论道"和"百姓茶话"等小资料，使版式设计宽松活泼，让读者在获取知识的同时体验阅读的舒适感。

梁　峰

2018 年 2 月

前　言

　　创新是一个民族进步的灵魂，是一个国家兴旺发达和一个单位或者一个组织发展的动力，也是一个人事业成功的关键。纵观人类文明史，人类就是依靠一次次重大的创新，谱写一个个历史的新辉煌；就是依靠一次次重大的创新，推动历史不断进步的。而今我们处于一个"双创"的时代，作为"双创"的主人，我们每个人都需要理解其内涵和发展的路径，真正地成为"双创"时代的主力军。

　　"双创"就是指"大众创业、万众创新"，是我国推进创新2.0时代的创新驱动发展战略的重要举措，也是经济活力之源，也是转型升级之道。李克强总理在2015年政府工作报告中提出，推动大众创业、万众创新，培育和催生经济社会发展的新动力。党的十九大报告提出，激发和保护企业家精神，鼓励更多社会主体投身创新创业。这为我们进一步推动"大众创业、万众创新"向纵深发展指明了方向。"双创"正与"中国制造2025""互联网+"相结合，在创业创新中推动大中小微企业共同发展、传统产业改造和新兴产业成长并驾齐驱、服务业壮大和制造业升级互促共进，"双创"已成为经济发展的新动力。我们要充分认识到"双创"对推动制造业提档升级和现代化经济体系建设的重要意义，准确把握"双创"发展的新趋势、新特征，发挥其对产业迈向中高端的促进作用，加快营造有利于技术创业创新的制度环境，推动"大众创业、万众创新"与产业升级融合发展。

传统的观点认为，创业是一种天生的能力，然而被淹没的事实是，创业是一种可以通过实践习得的技能。本书将从了解"双创"热潮、创业前的准备和创业企业开办流程等多角度，深入浅析地讲解指导，帮助每一个创业者极大地提高成功机会。

本书在编写过程中，参考和借鉴了专家学者的研究成果，由于篇幅有限，不能一一致谢，在此一并感谢！

王　涛

2018 年 1 月

目　　录

问题一　什么是"大众创业、万众创新"

谭中意，2006 年毕业于中国人民大学信息学院，2007 年任职 NEC 软件工程师，2008 年 6 月底辞职创业，筹备服装电子商务项目。2008 年 10 月，中意斯正装网诞生并开始运营。现在他已和多家加工厂建立了稳定的合作，批量订单也上升到 5000 件以上。

很多创业者的想法都源于自己在生活中的某种不满足，谭中意也不例外。2006 年毕业时，买套面试正装很困难：商场的正装太贵，学生代理备货少，很难买到合身的。看到高校毕业生对正装的巨大需求，他找到了创业的着眼点。

基本经营模式：电子商务：网上销售，量体裁衣

谭中意将办公地点设在租金低的五环外。网上下单后，团队成员就会到学生宿舍量尺寸。几个月的时间里，谭中意跑遍了广州、温州等服装工业聚集区，终于找到了一个厂家，老板认同电子商务，与谭中意建立了合作。

坚持的过程很艰难。最困难时，公司现金加上几个人身上的现金一共都不到 100 元。痛定思痛，谭中意开始思考业务模式存在的问题：员工上门不能带很多款式和面料，定制也很难规模化。

于是公司改变了策略：以提供成衣为主，定做为辅。

改进：研究大学生体形特点

"市场上的西服消费群体主要是中年人，腰围和胸围差别很小。这种型号学生穿着肩宽合适，身上就会晃荡。"

市场上的西服一般是 10 个尺码，他们就做 20 个尺码，这样一般人都能选到适合自己的尺码。

对于特别体形，如体重 200 千克以上或身高 1.5 米以下的男生，再提供定做。

后来，谭中意把办公场所搬到了人大学生创业园，并在学校附近开设实体店，方便学生试穿。

公司成立之初，谭中意就提出了口号：同品质正装仅售专卖店 5 折。供货商有意见，因为影响了原有的商场渠道销售。于是谭中意注册了自己的商标，并设计了布标、防尘袋、包装等，与原有渠道以示区分。

资料来源：徐俊祥. 大学生创业基础知能训练教程 ［M］. 北京：现代教育出版社，2014.

在"双创"经济时代中，我们每一个人都是创业的主体，每一个人都在经历着双创时代的变迁，创业机会往往来源于生活中的问题。发现生活中的问题后，如果能找到用创新思维、创意方法和创新的技术解决问题的途径，就基本找到了有价值的创业机会。所以说对于百姓创业者而言，不仅要有善于发现机会的敏锐眼光，还需要有抓住机会、不断提升自我的创业素质和能力，努力实现创业梦想。

一、经济转型与双创热潮

（一）经济转型与创业热潮的关系

1. 全球创业活动兴起。自 20 世纪 90 年代以来，美国出现了新一轮创业高潮，创造了大约 2200 万个就业机会。美国曾报道，成年人掀起的经商热潮已逐渐在高中生和初中生中出现，甚至连一些小学生也在开商店和自封执行官。美国创业教育和研究的先驱者蒂蒙斯教授提出：创业革命对 21 世纪所产生的深远影响将相当于甚至超越工业革命对 19 世纪和 20 世纪所产生的影响。

GEM（全球创业观察组织）2003 年调查了 31 个国家的创业活动，全员创业活动（TEA）指数（即每 100 位年龄在 18～64 岁的成年人中参与创业活动的人数）世界平均为 8.8%，美国为 11.3%，英国为 6.4%，而 1999 年英国的 TEA 指数为 3.3%，美国为 8.5%。可见，英、美及世界一些主要国家的创业活动呈现强烈的增强趋势。①

2. 我国创业活动状况。中小企业是我国创新创业活动的生力军。近年来，我国 70% 以上的发明专利是由中小企业完成的。当前，中小企业创新活动更加活跃、创新领域更加广泛，不仅在原有的传统产业中保持旺盛活力，而且在信息、生物、新材料等高新技术产业和信息咨询、工业设计、现代物流、电子商务等服务业中成为新兴力量。据《2016 年度中国电子商务市场数据监测报告》显示，2016 年我国电子商务交易额达 22.97 万亿元，同比增长 25.5%，其中网络零售市场交易额 5.3 万亿元，绝大部分都是

---

① 高建，邱琼. 中国创业活动评述——全球创业观察中国报告要点 ［J］. 中国人才，2003（9）：4-5.

中小企业贡献。目前，中小企业已占全国经济总量的半壁江山以上，要完成转变发展方式、提高发展质量的任务，就必须大力支持中小企业发展，充分调动和发挥中小企业在促进经济发展方式转变和实施创新发展战略中的重要作用。截至2017年6月末，据工商登记数据显示，全国实有企业2791万户。根据中小企业划型标准和第三次经济普查数据测算，其中，中小微企业数量合计占99.7%，中小企业利税贡献稳步提高。以工业为例，截至2016年末，全国规模以上中小工业企业达到37.0万户，比2015年末增加0.5万户。2016年全国规模以上中小工业企业实现主营业务收入72.2万亿元，占工业企业主营业务收入的62.7%，同比增长6.0%，增速比上年提高2.5个百分点，实现利润总额4.3万亿元，占工业企业利润总额的62.8%，同比增长6.2%，增速比上年提高2.0个百分点。总的来看，全国中小企业发展实力明显增强，实现数量与效益的同步提升。中小企业创业环境不断改善，创业活跃度不断增强。根据工商统计数据显示，2017年上半年，全国新登记企业291.1万户，同比增长11.1%。中小企业创新能力显著增强，中小企业知识产权推进工程取得显著成效，全国32个试点城市的中小企业集聚区专利申请量年均增长53%，专利授权增速超过30%。①

我国政府为支持创业活动，也在近年来出台了一系列的政策。深入推进供给侧结构性改革，全面实施创新驱动发展战略，加快新旧动能接续转换，着力振兴实体经济，必须坚持"融合、协同、共享"，推进大众创业、万众创新深入发展。要进一步优化创新创业的生态环境，着力推动"放管服"改革，构建包容创新的审慎监管机制，有效促进政府职能转变；进一步拓展创新创业的覆盖

---

① 中小微企业占企业数99.7%成促增长生力军 [EB/OL]. 新华网，2012-05.

广度，着力推动创新创业群体更加多元，发挥大企业、科研院所和高等院校的领军作用，有效促进各类市场主体融通发展；进一步提升创新创业的科技内涵，着力激发专业技术人才、高技能人才等的创造潜能，强化基础研究和应用技术研究的有机衔接，加速科技成果向现实生产力转化，有效促进创新型创业蓬勃发展；进一步增强创新创业的发展实效，着力推进创新创业与实体经济发展深度融合，结合"互联网＋""中国制造 2025"和军民融合发展等重大举措，有效促进新技术、新业态、新模式加快发展和产业结构优化升级。

3. 知识经济与创业热潮。知识经济是人类经济发展的一种形态。人类的经济发展大致可以分为农业经济、工业经济、知识经济等。

农业经济，又称劳动经济，即经济发展主要取决于对劳动力资源的占有和配置。在这一经济阶段中，人们采用的是原始技术，主要从事农业生产，辅以手工业。在工业革命前，这种生产格局基本没有改变。这个阶段的劳动生产率主要取决于劳动者的体力。

工业经济，又称资源经济，即经济发展主要取决于对自然资源的占有和配置。自 19 世纪以来，世界发达国家陆续完成了工业革命，科学技术取得了巨大的发展，生产效率有了很大的提高。但是，铁矿石、煤、石油等主要资源很快成为短缺资源，并开始制约经济发展，这个阶段的经济发展主要取决于对自然资源的占有。①

知识经济，又称新经济，是指建立在知识和信息的生产、分配和使用基础上的经济。它是与农业经济、工业经济相对应的一个概念，是一种新型的富有生命力的经济形态。

---

① 熊芳. 基于体验经济的南昌梅岭旅游产品设计研究［J］. 江西师范大学学报，2011（6）.

知识经济的兴起表明人类社会正在步入一个以现代科学技术为核心的，以知识资源的占有、配置、生产、分配、消费为重要因素的新的经济时代。在知识经济时代，全球产业机构正面临着新的重组，因此要发展知识经济就必须进行经济的相应转型。①

知识经济催生了一大批以知识的生产和应用为特征的新企业的诞生，带动了新的创业热潮的兴起。

第一，知识经济的到来使得创业的机会大大增加。因为网络、信息产业的出现与壮大，人们获取市场信息的渠道更加快捷，知识、技术能够面对更多的人，技术的掌握者已不仅仅局限于技术的发明者，这使得能够运用新技术进行创业的人群数量大大扩张，无形中提高了"创业活动"产生的可能。

第二，在知识经济条件下，人们的文化层次普遍提高，只要存在创业愿望，就可以根据市场需求，运营已有知识进行构思并付诸实践。

第三，计算机、通信等信息技术的发展改变了人们对时间、空间、知识的理解，同时也改变了人们对需求、市场、管理、价值、财富等概念的基本认知，这从形式上丰富了创业活动的内涵。

第四，在知识经济的条件下，由于沟通的便捷，知识的传递得以加快，创业环境大大改善，创业所需资源可以更为快捷低廉地获得。比如，资金可以从风险投资获得，技术可以从企业孵化中心产生，人才可以依托完善的人才市场等，这从一定程度上降低了创业进入的门槛。

作为技术创造的主要实现形式，知识经济时代的创业对经济发展与社会进步也具有推动作用，是促进科学技术进步和高新技术产业化的关键因素。知识经济时代的经济转型，使得智慧、创

---

① 肖红然. 知识经济时代给我们带来了什么 [J]. 武汉市经济管理干部学院学报，2001（1）.

意、创新、速度等成为竞争优势的关键来源，形成了有利于创业活动开展和中小企业发展的良好环境。微软、戴尔、苹果、Google等企业正是在这种环境中崛起，并极大地影响了经济的发展。

以微软公司为例，它的主要产品是软盘及软盘中包含的知识，正是这些知识的广泛应用打开了计算机应用的大门。如今，微软公司的产值已超过美国三大汽车公司产值的总和。近年来，美国经济增长的主要源泉就是5000家软件公司，它们对世界经济的贡献不亚于名列前茅的500家世界级大公司。所有这些表明，在现代社会生产中，知识已经成为生产要素中一个最重要的组成部分，经济转型带来的以知识的生产和应用为核心的创业活动已成为21世纪主导的创业形态。

随着经济的发展和社会的进步，新的经济形态不断涌现，如知识经济、网络经济、蓝海经济、低碳经济等，在新经济形态下，传统农业经济和工业经济的生产经营方式面临空前的挑战，这些创业活动都有着深刻的影响。

人类在进入知识经济时代，它促使我们对身边发生的一切事物进行重新审视与认识。知识经济形态是科学技术与经济运行日益密切结合的必然结果，是经济形态更加人性化的表现形式。知识经济的基本特征是知识型企业的大量出现，并在经济活动中起着越来越重要的作用。知识经济使人类的社会生活、产业组织形式、企业的组织与运行方式都发生了巨大变化。在知识经济时代，由于小企业的作用加大了，创业便成为经济运行中越来越重要的动力。

在知识经济时代，创业活动具有以下特点：

第一，在知识经济时代，创业更加容易。由于信息产业的出现与壮大，人们获取创业机会与市场信息的渠道快捷容易，技术的日新月异、市场的快速变化、人们生活节奏与方式的变化，使创业机会大大增多。更由于市场的需要、企业的需要，以及技术的进步进行创业构思并实践，是每个正常人都能做到的。在知识经济时代，人人随时都有创业机会。

第二，知识的快速流动和扩散，使得学生与老师、学习与工作、企业与社会的界限更加模糊。由于企业与社会界限的模糊，出现了许多创业的新模式。

第三，在知识经济时代，创业与成功的距离拉近了。由于创业环境大大改善，创业所需的信息可以快捷低廉地获得，创业所需的资金可以从风险投资家得到。同时，由于企业孵化器、创业中心的大量出现，资本市场的发育，从创业到成功，从投入到回报所花费的时间比以往任何时间都短。

第四，在知识经济时代，创业源泉大大增加了。由于知识与技术获取的渠道增多，技术发明者与技术掌握者已经不是主要的创业者来源，知识与技术能够面对更多的人，创业行为将更加普遍。

第五，在知识经济时代，利用技术或构思进行创业更加普遍。创业的概念将被普及，创业将是技术与管理、资金在创办人员方面的组合。

（二）知识经济时代"双创"的功能

创业具有增加就业、促进创新、创造价值等功能，同时也是解决社会问题的有效途径之一。

1. 创业是社会就业的扩容器。创业可以提供就业岗位，服务社会。全社会广泛的创业活动，有利于解决就业问题，促进和谐社会的建设。在发达国家，就业机会大多由创业型中小企业创造，尤其是在大企业进行裁员时，中小企业在稳定就业方面起着越发重要的作用。在我国，中小企业在推动经济发展、稳定就业市场方面表现突出，目前国家对其扶持力度日增。党的十八大报告提出，要贯彻鼓励创业的方针，并强调要引导劳动者转变就业观念，鼓励多渠道、多形式就业，促进创业带动就业，做好以高校毕业生为重点的青年就业工作。

2. 创业是科技创新的加速器。创业可以实现先进技术的转化，推动新发明、新产品或者新服务的涌现，创造出新的市场需求，从而进一步推动和深化科技创新，因而提高了企业或是整个国家的创业能力，推动经济增长。创业是新理论、新技术、新知识、新制度形成现实生产力的转化器，新建立的企业要想在激烈的市场竞争中站住脚，就要使用先进的生产技术，采用科学的技术手段，因此创业可以加速科技创新。美国国家科学基金会和美国商业部等机构在20世纪八九十年代发布的报告表明，第二次世界大战以后，美国创业型企业的创新占美国全部创新的50%以上和重大创新的95%。

3. 创业是经济发展的原动力。无论是在发达国家，还是在发展中国家，创业都是一个国家经济发展中最具有活力的部分，是经济发展的原动力。从全球视角来看，创业对一国经济发展起着至关重要的作用。在过去的30年里，美国出现了"创业革命"，高新技术与创业精神相结合成为其保持世界经济"火车头"地位的"秘密武器"。改革开放以后，我国实行社会主义市场经济，积极支持个人投资兴办企业，新创办的中小企业成为新的经济增长点，对经济持续高速增长，以及促进城市化进程，都起到了重要的作用。

4. 创业是社会进步的推进器。创业活动促进了社会经济体制的改革和深化，繁荣了市场，丰富了人们的生活，提高了生活质量，促进了社会稳定和谐，是实现共同富裕的有效途径。创业还可以激发整个社会的创新意识和创新精神，有利于社会文化、观念的转变。此外，创业使无数人进入了社会和经济的主流，对形成创新、宽容、民主、公正、诚信的社会具有积极推动作用。

二、平民创业时代

（一）"双创"氛围浓，环境好

1. 中国创业经济发展的概况。在党的十九大报告中，习近平总书记强调，贯彻新发展理念，建设现代化经济体系，加快建设创新型国家。创新是引领发展的第一动力，是建设现代化经济体系的战略支撑。要瞄准世界科技前沿，强化基础研究，实现前瞻性基础研究、引领性原创成果重大突破。加强应用基础研究，拓展实施国家重大科技项目，突出关键共性技术、前沿引领技术、现代工程技术、颠覆性技术创新，为建设科技强国、质量强国、航天强国、网络强国、交通强国、数字中国、智慧社会提供有力支撑。加强国家创新体系建设，强化战略科技力量。深化科技体制改革，建立以企业为主体、市场为导向、产学研深度融合的技术创新体系，加强对中小企业创新的支持，促进科技成果转化。新产品、新服务快速成长，新旧动能加速转换，为经济稳中有进、稳中向好不断注入新的强劲动力。我国有 14 亿人口、10 亿劳动力资源，人民勤劳而智慧，蕴藏着无穷的创造力，千千万万个市场细胞活跃起来，必将汇聚成发展的巨大动能。个人和企业要勇于创业创新，全社会要厚植创业创新文化，让人们在创造财富的过程中，更好地实现精神追求和自身价值。促进推进民生改革和社会建设，着力促进创业就业。坚持就业优先，以创业带动就业。

据《创业企业调查报告》调查数据显示，把握市场机会是创业的重要因素，发现新的市场机会、借鉴国外成功经验是创业企业产品和创意的主要来源。有 1 名以上合伙人具有相关行业工作经历的比例均超过 95%，部分行业的比重达到 100%，高端装备制造、节能环保、新材料和新能源行业有 59.1% 的创业企业经营领域与创业者以前工作具有密切或较多联系，在生物医药、文化创意和金融服务行业，这一比例达到 65.3%。创业企业调查数据显示，资金、市场、人才是制约企业经营效益的主要因素，尤其资金仍是企业发展的重要问题，是制约企业经营的首要因素，约有六成创业企业向天使投资寻求过资金支持。

创业企业人力资源优势较为明显，具有较高的学历结构。战略性新兴行业和高技术类行业创新意愿较高，有调查数据显示，超过或接近 60% 的创业企业销售收入、研发投入和员工人数均实现正增长，其中超过或接近 1/3 的创业企业销售收入、研发投入和员工人数增长率大于 30%，展现出良好的发展势头。此外，创业企业员工具有较高的学历结构，在生物医药、文化创意和金融服务行业中有 50.6% 的创业企业，他们的员工本科以上学历比重超过 80%，这些企业中，77.9% 的员工本科以上学历占公司员工比重的 50% 以上，而在高端装备制造、节能环保、新材料和新能源行业，这一比例高达 83.1%，创业企业人力资源优势较为明显。从调查结果来看，创业企业对我国经济形势整体持乐观态度，近五成企业对未来五年经济形势评价为较好或很好，持悲观态度的企业不足 30%。创业企业具有较强的创新意愿。此次调查所选取的行业基本都属于战略性新兴行业和高技术类行业，创新是决定企业发展的重要条件，企业也普遍具有较高的创新意愿。调查数据显示，约五成企业自主研发投入超过 50 万元，其中高端装备制造、节能环保、新材料和新能源行业有 3.7% 的企业自主研发支出超过了 500 万元，而在生物医药、文化创意和金融服务行业，这一比例达到 5.0%。①

各行业创业者受教育状况有所不同，创业者整体教育程度略高，接受过硕士以上教育的创业者比重高于 23%。在海外留学情况调查中，高端装备制造、节能环保、新材料和新能源行业的创业者海外留学比例 15.4%，比生物医药、文化创意和金融服务行业低 12.4 个百分点。不同行业创业者工作背景也有所差别，约 40% 创业者曾经有过创业经历，但在高端装备制造、节能环保、新材料和新能源行业，担任过团队领导的创业者比重接近 70%，生物医药、文化创意和金融服务行业则有 70% 以上创业者具有团队领导经验。

在中国创业型经济的发展过程中，基于当地的资源、政策等原因，形成了不同的创业经济发展模型，呈现出典型的地域创业型经济特征。如以中关村为代表的中国高新技术企业发展的"机会型企业模型"和以老百姓经济为代表的温州以及苏南"生存型创意模型"。中关村模型的特点表现为：创业者多为高科技人员，产品是围绕计算机发展起来的电脑、软件及周边产品，以及生物技术、医药技术等技术含量较高的产业，其最突出的特点是创新、创业，企业的特点是团队企业；而温州和苏南模型不同，其创业者多为农民或城镇居民，产品以百姓的日用品为主，主要是家庭创业、家族创业和个体创业。

中国沿海地区和经济发展较快的地区相对于经济落后地区而言，教育水平较高，有充足的发展创新型经济的人力资源，而且当地政府一般制定较多的促进创业型经济发展的政策，对创业型经济的支持力度较大，如上海、浙江、广东等省市；但是欠发达地区相对缺少创新性的投资，发展创新型经济必要的条件如信息

---

① 经济日报社中国经济趋势研究院，中国社科院．创业企业调查报告［R］．2017．

支持、政策支持、金融支持等较差，人力资源不适应创新型经济的要求，创新型经济发展缓慢。[①]

2."双创"发展新阶段新特征。当前，我国"双创"发展正在向以技术创新为核心、生产领域创新创业为重点的阶段不断演进，"双创"与产业升级融合发展趋势明显，呈现出一系列新趋势、新特点。

一是"双创"领域更加聚焦。"双创"领域正从发展初期的电子商务、本地生活、社交、游戏、旅游等互联网消费领域向信息、生物、技术研发等生产领域聚焦。2016年以来，信息技术和生物技术领域早期投资案例数、金额数持续较快增长，技术型创业更受青睐，共享经济、信息经济、生物经济等新动能领域成为创业创新"新风口"。

二是技术要素深度融合。技术创新成为"双创"核心牵引力，在推动创业繁荣发展的同时，还有效聚合资本、人才、数据等各类创新要素，促进生产经营方式变革，提高创新效率，有力支撑制造业提档升级、创新发展。如以"大物移云智"为代表的新一代信息技术成为创新热点，不断嫁接传统优势产业，推动工业生产智能化升级，助力金融产品与服务创新，催生教育、医疗、物流等社会化服务新模式。

三是成果转化更为活跃。全面创新改革试验积极推进，激励成果转化有了新办法，更多的科技创新成果走出"书斋"、走向市场。

四是与产业升级结合紧密。目前，"双创"与"互联网+""中国制造2025"等战略融合程度加深，推动现代技术广泛渗透实体经济，促进个性化、定制化生产方式逐步推开，并有效打破传

---

① 中华职业教育社.全球创业型经济论坛文集——创业 创新 就业与科学发展[M].北京：中央广播电视大学出版社，2009.

统行业界限，实现产业融合发展，使产业链、产业组织和商业模式发生深刻变革，引领产业升级新方向。

五是"双创"生态更加完善。创业政策更加完善、创新主体不断涌现、创业要素加快聚合优化、创业环境显著改善，适宜创业创新的生态系统加快完善。孵化器、众创空间、双创示范基地等平台载体快速发展，具有"创业苗圃—众创空间—孵化器—加速器—产业园区"等综合功能的新型创新创业平台蓬勃发展，有效提供多元化创业服务，支撑"双创"快速发展。

3."双创"对产业发展的促进作用。推动"双创"与产业升级融合发展，关键在于能否有效发挥"双创"在推动产品质量提升、产业技术进步、产业结构优化和附加值提升等方面的作用，更好支撑产业迈向中高端。

一是推动产品质量升级。发挥"双创"鼓励创新、追求卓越的特征，发扬精工细作"工匠精神"，推动更多创新创业企业聚焦发展领域、专注创新环节、提升产品质量，从而助推产品质量升级，筑牢产业迈向中高端的微观基础。

二是推动产业技术进步。发挥"双创"调动众多创新资源、激发市场导向创新、拓展"互联网+创新"新模式等方面的作用，使"双创"在催生数量众多的新生市场主体的同时，不断提升推动技术进步、提高创新效率的作用，催生新技术的群体性突破。

三是推动产业结构升级。发挥"双创"贴近消费者需求、引领产业升级的特点，支持新创企业依托传统产业链派生出的智能化、个性化需求拓展发展空间，推动大数据、智能终端、生物医药等高技术产业和研发设计、电子商务等现代服务业发展，助推产业结构升级。

四是提升产业附加值。要深入推进"双创"，推动产业化、市场化的创新，促进科技与经济、创新成果与产业、创新项目与生产力等"无缝衔接",实现产业竞争力和附加值提升。①

4. 创业环境分析。

（1）大众创业、万众创新时代。李克强总理在公开场合发出"大众创业、万众创新"的号召，最早是在 2014 年 9 月的夏季达沃斯论坛上。当时他提出，要在 960 万平方公里土地上掀起"大众创业""草根创业"的新浪潮，形成"万众创新""人人创新"的新态势。此后，他在首届世界互联网大会、国务院常务会议和各种场合中频频阐释这一关键词。每到一地考察，他几乎都要与当地年轻的"创客"会面、他希望激发民族的创业精神和创新基因。

2015 年李克强总理在政府工作报告中又提出"大众创业、万众创新"。政府工作报告中如此表述：推动大众创业、万众创新，"既可以扩大就业、增加居民收入，又有利于促进社会纵向流动和公平正义"。在论及创业创新文化时，强调"让人们在创造财富的过程中，更好地实现精神追求和自身价值"。

2015 年 2 月 10 日，李克强邀请 60 余名外国专家举行座谈。关注中国"大众创业、万众创新"的诺贝尔经济学奖得主埃德蒙德·菲尔普斯提到，中国经济新引擎将带来的"非物质性好处"。他说，如果大多数中国人，因为从事挑战性工作和创新事业获得成就感，而不是通过消费得到满足的话，结果一定会非常美好。

创业创新是人类文明进步的不熄引擎，是植根于每个人心中具有顽强生命力的"种子"。推动发展，不仅要解放社会生产力，更要解放社会创造力。中国是世界上人口最多的国家，13 亿勤劳智慧的中国人民中间，蕴藏着无穷的创造力。

当今世界，新一轮科技革命和产业变革浪潮席卷而来。信息、

---

① 推动"双创"与产业升级融合发展［N］. 经济日报，2017 – 11 – 27.

能源、材料、医药、环保等领域技术不断取得激动人心的突破，催生了新的制造模式和商业模式，也催动着一场全人类走向智能生产、绿色生活的新迁徙，其中蕴含的诸多革命性变化，将对国家竞争力和世界经济政治格局产生重大深远的影响。中国只有加快创新和建设创新型国家，才能扎实推进经济转型升级和提质增效，抢占国际竞争的战略制高点。

党的十八大以来，中央以简政放权为突破口，推动经济转型、释放社会活力，社会投资和创业创新热情迸发。2014 年，全国新注册企业在上年大幅增长的基础上又新增加了 1200 多万户，其中首次参与投资创业的自然人多达 291 万人。在此背景下，以信息网络技术为支撑的"创客"更是如同雨后春笋般迅速成长。一大批热衷于创意、设计、网络的年轻人，紧跟数字技术改造传统制造的潮流，用自己的"桌面工厂"生产出一大批令人目不暇接、惊叹不已却又接地气、有市场的新型产品，颠覆着传统的制造和消费模式，乃至产业布局和投融资方式。目前，北京已形成亚洲规模最大的"创客空间"，深圳的华强北已被视为"创客圣地"。韩国《中央日报》刊文称，2015 年中国新的风险创业者是韩国的100 倍，吸引的创业基金是其 15 倍以上，中国的"创客风潮"已成为韩国一大威胁。这是否危言耸听姑且不论，但中华大地涌动的"创客风潮"显然加速推开了互联网与制造业融合发展的新工业革命大门，正在引领着大众创业、万众创新时代的到来。

从发展阶段看，中国的经济发展已经进入新常态，传统增长动力在减弱，资源环境约束在加剧，要素成本越来越高，必须走转变发展方式、提质增效升级之路。中国要在世界新技术革命和产业变革的新格局中占据主动，必须靠创新。世界上资源有限，而人的潜力无穷，这就是更大范围、更高水平的大众创业、万众创新。

从时代趋势看,中华大地正在兴起新的创业创新热潮,出现了以大学生等"90后"年轻创业者、大企业高管及连续创业者、科技人员创业者、留学归国创业者为代表的创业"新四军",草根创新、蓝领创新、创客、众创空间等新的形式层出不穷。创业创新正在成为一种价值导向、一种生活方式、一种时代气息。从客观条件看,人们消费需求多层次、多样化,需要更多地解决日常生产生活难题、形成新产业新业态的产品和服务。

这是一个鼓励创业、呼唤创新的时代。特别是在中央提出的"大众创业、万众创新"的政策指引下,越来越多的企业在创新中谋转型,越来越多的人变身"创客"走上了创业之路,这正是时代的潮流。

(2)平民化的创业环境。中国的经济环境、创业环境变化得太快,这个行业一下子涌入的人也太多。创业者年轻化、个性化、多样化,政府往往很难把握创业企业真正需要怎样的帮助。其实在一浪又一浪热火朝天的创业大潮中,哪怕创业者自身也未必清楚自己究竟需要哪些帮助。创业环境研究是创业研究的关键问题之一,而分析创业环境影响因素是认识和评估创业环境的前提。在对国内外相关创业环境影响因素分析的基础上,依据系统理论、均衡与非均衡理论和内生性理论,构建创业环境要素模型,提出创业环境是由内部创业环境、宏观环境、市场环境和自然环境四个子系统构成,环境子系统之间是相互依存、相互影响、相互制约的关系。改革开放40年来,创业在我国已经成为一种潮流,中小企业迅速崛起,对社会经济影响越来越明显。2008年全球金融危机以来,面对重重压力,许多企业效益下滑,但全国各地科技型中小企业的创业活动却十分活跃,逆势飞扬。许多地方的高新技术产业保持着高速发展的态势,成为当地经济增长的亮点。2009年,科技部相关部门对东部地区的调查表明,大量科技型中小企业成为本地区在经济危机中复兴的重要力量。对此，国家高度重视科技型中小企业，加大对其的扶持力度。尤其是对大学生、研究生、留学生在科技园等地的创业活动进行支持。与此同时，完善公共技术平台的建设，引导中小企业发展。世界许多国家的成功案例已经表明，中小企业是国家创新体系中最能动、最活跃和最有效率的元素。我国的创业企业也正是扮演着这样的角色。

第一，创业的门槛低适宜百姓进入。中国的经济环境已经发生了变化，进入 WTO 后市场竞争日益国际化，政府的管理趋向透明，法律更加健全，竞争环境更宽松、公平，这些都使创业的门槛降低，非常适合平民创业者的进入。

第二，创业主体来自社会基层，具百姓色彩。这种基层的创业主体格局适宜于我国社会主义初级阶段的经济特征和多数创业者起步阶段的经济状况，具有门槛低、起步点低，适宜大量平民进入成为创业主体的现实可能性，因此才能形成群体性创业潮。

（3）创业营销活动具有百姓化定位。这些具有百姓色彩的创业企业，大都能在自己创业的过程中坚持平民化的视角和营销思路，实行平民化的价格定位和发展模式，体现出平民创业的发展特点和聚财方式。

（4）百姓化创业企业显示了平民聚财的旺盛生机。具有平民视角的企业由于市场定位科学，就获得了最大的客户资源和市场空间，因此发展迅速，显示了平民化定位的渠道优势和竞争优势，展现了旺盛的生命力。西安荣华集团的崔荣华女士从一个小酒店做起，经过八年创业，现已形成以房地产为主业的大型企业集团，成为陕西成长企业十强之一。宁波俊诚金属管业的总经理韩俊从一家仅十万元规模的小企业起家，发展为宁波市的金属和钢铁贸易行业的领军人物，2013 年销售额为 28.5 亿元。

（二）"双创"时代的新生企业家们

1. 创业者的含义。

（1）创业者的定义。创业者的概念经历了一个演变的过程。1755 年，法国经济学家坎蒂隆首次将"创业者"的概念引入经济学领域。1880 年，法国经济学家萨伊将创业者描述为将经济资源从生产率较低的区域转移到生产率较高区域的人，并认为创业者是经济活动过程中的代理人，首次给"创业者"做出定义。美籍奥地利经济学家熊彼特认为创业者应该是创新者，具有发现和引入新的更好地能赚钱的产品、服务和过程的能力。

创业者的定义分为狭义和广义两种：狭义的创业者是指参与创业活动的核心人员；广义的创业者是指参与创业活动的全部人员。一般情况下，在创业的过程中，狭义的创业者会比广义的创业者承担更多的风险，也会获得更多的收益。

创业者并不是一个特殊人群。创业者之所以成功，不是因为他们"走运"，而是因为他们足够努力，并且具备了一些有助于其成功创业的独特技能和素质。成功的创业者不仅拥有创造、革新的本领，还要具备必要的管理技巧、商业技能以及社会网络。同时，创业者为了创业，还要有不断提高自身素质的自觉性，努力成为终身学习者和自我提升者。

（2）新生代企业家。新生代民营企业家主要由包括创业大学生在内的自主创业人才和企业家二代两大群体组成，年龄层次主要集中在 26~36 周岁年龄段，大专及以上学历的占 95.3%。与父辈企业家们相比，他们年龄普遍较轻、学历层次较高、综合素质更为突出。随着民营经济的不断发展，新生代民营企业家们追求的目标也不断提高，既渴望企业实现又好又快发展，也希望个人得到社会认可和尊重。与父辈企业家们相比，他们更注重企业内部管理，在公司治理方面讲究团队精神，擅长取长补短。在经营好企业的同时，新生代企业家对社会的贡献也将越来越大，他们积极参政议政，在各种社会活动中发挥积极作用，越来越受到各级党委政府和社会大众的重视和关注。

2. 创业者的类型。按创业者创业目标的不同，大致可以把创业者分成三种类型。

（1）生存型创业者。创业者大多为下岗工人、失去土地或因为种种原因不愿困守乡村的农民，以及刚刚毕业还没找到工作的大学生。这是中国数量最多、范围最广的一拨创业人群。清华大学的调查报告称，这一类型的创业者，占中国创业者总数的90%。[①] 其中许多人是被"逼上梁山"，为了生存。一般创业范围均局限于商业贸易，少量从事实业，也基本是小打小闹的加工业。当然也有因为机遇成长为大中型企业的，但数量极少。

（2）变现型创业者。变现型创业者就是过去在党、政、军、行政、事业单位掌握一定权力，或者在国企、民营企业当经理人期间聚拢了大量资源的人，在适当时机，涉足下海，开公司办企业，实际是将过去的权力和市场关系变现，将无形资源变现为有形的货币。在 20 世纪 80 年代末至 90 年代中期，第一类变现者最多，现在则以第二类变现者居多。但第一类变现者当前又有所增加，而且相当部分受到地方政府的鼓励，如一些地方政府出台鼓励公务员带薪下海、允许政府官员创业失败之后重新回到原工作岗位等政策。但是此类政策的出台，可能会造成市场竞争的公平性被破坏。

（3）主动型创业者。主动型创业者分为两种：一种是盲动型创业者；另一种是冷静型创业者。前一种创业者大多极为自信，

---

① 张秀娥. 创业管理［M］. 北京：清华大学出版社，2017.

做事冲动。冷静型创业者是创业者中的精华，其特点是谋定而后动，不打无准备之仗，或是掌握资源，或是拥有技术，一旦行动，成功概率通常很高。

现实中还有一种奇怪类型的创业者，除了赚钱，他们没有什么明确的目标，就是喜欢创业，喜欢做老板的感觉，这些创业者大多过得很快乐。他们不计较自己能做什么，会做什么。可能今天在做着这样一件事，明天又在做着那样一件事，他们做的事情之间可以完全不相干。其中有一些人，甚至连对赚钱都没有明显的兴趣，也从来不考虑自己创业的成败得失。我们可以解释为他们用"积极、放松的心态"对外界变化更敏感，更容易发现商机，更容易获得挣钱的可能。

3. 创业者的素质特征。创业是一项极具挑战性的社会活动，是对创业者自身智慧、能力、气魄、胆识的全方位考验。创业素质是创业行动和创业者所需要的主体要素，包括知识、技能、经验和人格等。

《现代汉语词典》将"素质"解释为：指事物本来的性质，是人与生俱来的以及通过后天培养、塑造、锻炼而获得的身体上和人格上的性质特点。对于创业者而言，具备优秀的素质，就为开创自己的事业打下了良好的基础。通常来说，创业者普遍具备以下素质：

（1）讲求诚信。诚信不仅是为人处世的基本准则，更是经商之魂，是企业家的立命之本。诺贝尔经济学奖得主弗利曼曾明确指出："企业家只有一个责任，就是在符合游戏规则下，运用生产资源从事营利的活动，亦即，须从事公开和自由的竞争，不能有欺瞒和欺诈。"[①] 在创业经商过程中，诚信是第一品质，是创业者

---

① ［美］艾伯特·赫希曼. 经济发展战略［M］. 曹征海，潘照东译. 北京：经济科学出版社，1991.

的"金质名片",是成功创业者的共同特征。创业者只有按照"先做人,后做事"的良训,才能在今后的创业历程中获得市场信任和长足发展。在 2003 年中国财富品质论坛上,100 位中国内地企业家将"诚信"列为十大财富品质之首。

(2)直觉敏锐。直觉是运用已有的经验和知识,以一种高度凝练、浓缩的方式洞察问题的实质,并迅速解决问题或对问题作出某种猜测和判断的思维形式。直觉在寻求商机和科学发现等创新行为中具有极为重要的作用,可以说,灵活敏锐的商业意识是兴企之源。直觉并非与日俱来,它往往是经验和水平的一种厚积薄发的表现。任何一种商业模式、产品、服务都有其生命周期,创业者要对变化的社会、变化的消费行为、变化的商业模式具有敏锐的直觉,从而通过学习与实践为未来可能的变化做好准备。乔布斯在一次对全体斯坦福大学毕业生的演讲中坦称,"不要让他人的见解淹没你内心的声音。最为重要的是,需要勇气追随你的心灵和直觉"。

(3)勇于冒险。冒险精神是创业最重要的内在驱动力。创业者要勇于冒险,敢于"第一个吃螃蟹"。机遇与风险经常是相伴而行,创业者敢于承担风险就意味着有可能把握机遇。艾略特曾说:"世上没有一项伟大的业绩是由事事都求稳操胜券的犹豫不决者创造的。"① 霍英东认为,尽管每一个人,只要具备开办公司的条件,就可以领取营业执照,可能一夜之间就成为"老板"了,但是,没有一点豪气,没有敢冒风险的精神,就不能行"天下先"之事。高风险伴随着高收益,这是经济生活中的一条公理。创业者只有正确地认识到风险的存在,并合理地管理创业风险,才能在获得高收益的同时把风险降到最低限度。

---

① 张天桥,侯全生,李明晖. 大学生创业第一步 [M]. 北京:清华大学出版社,2008.

（4）敢于竞争。创业者需要具备敢于竞争的特质。经济领域的竞争是市场主体为了追求自身利益而力图胜过其他市场主体的行为和过程。竞争作为市场经济最重要的特征之一，是一个组织赖以生存和发展的基础，是创业者立足于社会不可缺少的一种精神。随着我国经济的不断发展，竞争愈来愈激烈，创业者只有敢于竞争、善于竞争，才能取得成功。值得一提的是，竞争要遵循自愿、平等、公平和诚实信用原则，要遵守公认的商业道德，不能滥用竞争权力。

（5）意志顽强。意志顽强是企业家精神的本色。正所谓："锲而不舍，金石可镂；弃而舍之，朽木不折。"创业的道路充满坎坷，创业者遇到困难和压力时，要能够挺得住，不被困难吓倒，也不被压力压垮。创业者要能够用客观的态度、稳重地处理任何事情，做到"不以物喜、不以己悲"。面对成功和胜利时不沾沾自喜、得意忘形；在碰到困难时不灰心丧气、消极悲观。创业者一旦确定创业目标，就要以持之以恒的精神、百折不挠的毅力和坚韧不拔的意志，朝着既定的目标顽强地走下去，纵有千难万险，也不轻易改变。

（6）身心健康。创业是一项艰苦而复杂的活动，需要创业者具备良好的身体素质和心理素质。

所谓良好的身体素质是指身体健康、体力充沛、精力旺盛、思路敏捷。具体包括力量、速度、耐力、灵敏和柔韧等基本内容。创业者工作繁忙、工作时间长、压力大，如果身体不好，必然力不从心，难以承受创业重任。创业者需要通过平衡膳食和科学的体育锻炼，努力提高身体素质。

所谓心理素质是指创业者的心理条件，包括自我意识、性格、气质、情感等心理构成要素。作为创业者，其自我意识特征应为自信和自主；其性格应刚强、坚持、果断和开朗；其情感应更富有理性色彩。成功的创业者在应对挫折的心理反应和应对挫折的能力方面，具有良好的心理素质和心理健康水平。

以上是创业者成功创业所应具备的各种素质。当然，创业者完全具备以上素质是很困难的，也不可能完全具备这些素质后才去创业。但创业者本人要有不断提高自身素质的自觉性和实际行动，通过不断的学习和改造，努力提高自身的素质。

4. 创业者的能力。创业是一项极具挑战性的社会活动，是对创业者综合能力的一种全方位考验。创业能力是实施创业和决定创业能否成功的关键。现代社会竞争日趋激烈，一个人能否在竞争中占据优势、成功创业，主要取决于他所拥有的或者能够运用的各种能力。通常来说，创业者应具备以下几种能力：

（1）创新能力。创新能力是创业者的生命源泉。发展经济学家约瑟夫·熊彼特强调，"创新"是企业家的核心使命和必备素质。创新的实质是通过科学研究、生产活动和管理实践，创造新的理念、产品或服务成果并转化为生产力，以促进社会经济的发展。不论是知识创新、技术创新还是管理创新，创新的主体是人，创新的成果都要靠人来完成。创新能力是创业人才的核心。创业本身就是一项创新活动，无论是发现新的创意、捕捉新的机遇、寻找新的市场，还是创业融资、创办公司和企业运作、管理和控制，都包含着创新的内容。所以，作为一个创业者或创业团队，必须具备市场、技术、管理和控制方面创新能力。

（2）学习能力。学习能力即获取知识和信息的能力，是创业者必备的能力之一。学习能力包括对知识的接受、转换和应用，对信息的获取、筛选和利用。培养良好的学习能力应注意以下几点：

一是心态归零，吐故纳新。不囿于已取得的成绩和能力，从零开始，保持对环境变化的敏感度，不断学习新知识。

二是精益求精,学有所长。对于创业者而言,学到的知识越多,其能力就越会增长。但是人的精力是有限的,"门门精通"往往会变成"门门不通"。创业者应该学会选择,在某些领域要精益求精,具备一技之长;在某些领域要涉猎粗通。既可以在技术上独当一面,也可以在管理上游刃有余。

三是开阔视野,终身学习。学习能力的表现之一就是善于发现学习的榜样,学其长处、补己之短。如果学习仅仅局限在一个小的范围内,视野得不到开阔,就会变成"井底之蛙",丧失学习的动力和能力。只有"走出去",不断接触新事物和新观点,才能不断地找到自身的差距。创业者的学习能力在很大程度上代表着企业的发展后劲,影响着创业的进程和效果,只有树立终身学习的理念,才能跟上时代的步伐,实现事业的发展。

(3)团队合作能力。洛克菲勒曾说过,"坚强有力的合作伙伴是事业成功的基石"[①]。21世纪是一个团队至上的时代,很多事情靠个人的力量难以完成,因而团队合作能力成为创业者必备的一项基本能力。创业者要想与他人合作并有所作为,首先要做到知己,要清楚自己的性格类型、素质特点、能力专长,选定一个适合自己的工作目标;其次要注意分析别人的特点,找到互补性和差异性。创业过程中与伙伴合作要遵循以下原则:一是平等合作原则,创业者与合作伙伴在人格上完全平等,为了共同的目标并力前进;二是互利合作原则,合作者之间是互惠互利的关系,为了共同的目标和利益需求,从而进行物质和精神的相互配合协作。

(4)分析决策能力。分析决策能力是创业者在科学分析主客观条件的基础上,因地制宜,正确地确定创业的发展方向、目标、战略以及具体选择实施方案的能力。

---

① 顾桥. 中小企业创业资源的理论研究 [D]. 武汉:武汉理工大学,2003.

在创业过程中，能从错综复杂的现象中发现事物的本质，找出存在的真正问题，分析原因，从而正确处理问题，这就要求创业者具有良好的分析能力。培养分析能力主要有三点：一是多调研，平时多进行市场调研，在调查的基础上进行决策；二是要多思考，对可能出现的结果进行分析，同时准备好应对的措施；三是多学习，要多向同行学习，集思广益。

创业者的决策能力是各种综合能力的体现，它包括前瞻性、全局性、果断性、正确性等内容。具体表现为：一是选择最佳方案的决策能力；二是风险决策能力；三是当机立断的决策魄力。

（5）经营管理能力。经营管理能力是指企业经营活动的组织、管理及运营的能力，它涉及企业中人、财、物、信息等各项资源，以及对这些资源的计划、组织、指挥、协调和控制的能力。

经营管理能力是一种较高层次的综合能力，是解决企业生存问题的第一要素。经营管理能力的形成要从学会经营、学会管理、学会用人、学会理财等几个方面去努力。

学会经营。创业者一旦确定了创业目标，就要组织实施，为了在激烈的市场竞争中取得优势，必须学会经营，树立经营的理念，将创造经济效益作为企业的第一要务，实现利益最大化。

学会管理。在创业中，需要创业者掌握一定的管理知识和方法，用现代管理理论指导创业者有计划地组织、指挥、协调和控制各项活动，达到事半功倍的效果。

学会用人。市场的竞争首先是人才的竞争，谁拥有人才，谁就拥有市场。一个创业者不仅要吸纳德才兼备、志同道合的人共创事业，还要善于吸纳比自己强或有某种专长的人共同创业。

学会理财。学会理财首先要学会开源节流；其次，要学会管理资金。在资金使用上要注意预算和决算的把握，掌控好资金的进出和周转，做好资金投入的论证。创业者心中要时刻装有一把

"算盘",每做一件事、每用一笔钱,都要掂量一下是否有利于事业的发展,有没有效益,会不会使资金增值,只有这样才能理好财。

(6)专业技术能力。专业技术能力是创业者掌握和运用专业知识、组织产品生产或提供服务的能力。专业技术能力的形成具有很强的实践性,创业者要重视创业过程中对专业技术知识的积累和技能的训练,并逐步发展和完善,形成具有特色的创业经验,不断提业技术能力。创业者应具备的专业技术能力主要体现在三个方面:一是创办企业中主要职业岗位的必备从业能力;二是接受和理解与所办企业经营方向有关的新技术的能力;三是把环保、能源、质量、安全、经济、劳动等知识和法律、法规运用于本行业实际的能力。

(7)人际交往能力。人际交往能力是指妥善处理组织内外关系的能力,包括与周围环境建立广泛联系和对外界信息的吸收、转化能力,以及正确处理组织内部各种关系的能力。创业的过程就是不断熟悉社会,同时让社会熟悉自己的过程。大学生要把社会的利益、社会的价值标准与评价原则作为自己行动的参照,把自己的事业与集体的、社会的事业联结起来,提高自己的交际能力,从而获得能量、信息以及各方面的支持。

人际交往能力包括表达能力和反应能力。表达能力是充分、有效地将自己的观点阐释给对方的能力。创业者对客户充分有效的表达,能够使客户充分理解企业的产品情况,有利于推销自己;对创业团队充分有效的表达,能够使大家领悟新企业的目标、面临的环境和要采取的对策,能够使大家更加有效地为完成共同的目标而努力。反应能力是交际能力的另一个方面,是表达能力的有效补充。在交际过程中,良好的反应能力能够帮助创业者随时领会和把握表达对象的需求和对表达内容的理解,有效调整表达的方式和内容。

【知识链接】

中国四次创业高潮

从1984年算起，中国至少有四次创业大潮，每一次大潮都有一个从上而下的过程，离不开政府和政策的引导，更是与中国经济结构的调整息息相关，早年的创业潮更是带有中国从计划经济走向市场经济的转型烙印。

（一）第一次创业浪潮

中国的第一波创业潮，发生在1984年，那时人们把创业称为"下海"。柳传志曾这么评价他的创业时代："下海确实很被人看不起，这是那些勇敢者做的事情，这些勇敢者在过去就是在社会上没有地位的人。"那个年代，主流的创业者以个体户为多，大多是城镇待业人员被逼无奈自谋生计，算是被动创业者。这一轮创业潮是以打破计划经济下的平均主义、解放思想、搞活商品经济为主旨的，也可以说是体制内的创业。1984年的创业应该说是一次勇敢者玩的拓荒游戏。

（二）第二次创业浪潮

第二次的创业浪潮发生在1992年。这次的创业潮则更像一个社会精英的掘金潮。据《中华工商时报》的统计，当年全国至少有10万党政干部主动下海经商，这年的创业者被冠以"92派"之称。"92派"的代表人物有陈东升（也是"92派"一词的发明者）、田源、毛振华、郭凡生、冯仑、王功权、潘石屹、易小迪等，他们原本是政府机构、科研院所、大专院校的知识分子。1992年全国房地产完成开发投资732亿元，比1991年猛增117%。第二次的创业浪潮是以官员下海为特征、以席卷全国的"圈地运动"为契机的。

这一批人是中国的现代企业制度的试水者，和之前的创业者相比，他们是中国改革开放以来，最早具有清晰、明确的股东意识的企业家代表。他们普遍具有企业现代管理意识，具有较强的资源整合能力，尤其是懂得资本运作，对宏观环境变化有灵敏的嗅觉。郭广昌创立的复星集团可谓是"92 派"企业的一个代表。

（三）第三次创业浪潮

第三次的创业浪潮发生在 20 世纪 90 年代中后期，是以海归创业形成的一股潮流。典型人物是以张朝阳、李彦宏等为代表的在互联网领域创业的海归留学生。他们创业成功后，被称为互联网时代的英雄。同前两波创业潮一样，他们回国创业也有一个政策大环境的支撑。

在海归群体的示范下，本土的创业者也越来越多，也有不少人在互联网领域取得过辉煌成功，例如创立盛大的陈天桥、创立网易的丁磊以及创立阿里巴巴的马云等。这些互联网的创富英雄被称为阳光富豪，他们的出现首次打破了此前存在于中国企业家群体的"原罪"魔咒。

（四）第四次创业浪潮

第四次创业浪潮发生在 2008 年，也被称为"全民创业潮"。这新一轮海归创业潮和全民创业潮也是中国经济转型和升级的发动机，其主题词是创新、创意。正如温家宝 2010 年 8 月 21 日考察深圳时所言："年轻人富有朝气，没有框框，敢想别人不敢想的事，敢做别人不敢做的事，反映在工作上就是勇于创新，打破框框。"

资料来源：潘秀虹. 创业破框［J］. 中国企业家，2009（2）.

小　结

"大众创业、万众创新"是经济活力之源，也是转型升级之道。党的十九大报告提出，激发和保护企业家精神，鼓励更多社会主体投身创新创业。这为我们进一步推动"大众创业、万众创新"向纵深发展指明了方向。我们要充分认识到"双创"对推动制造业提档升级和现代化经济体系建设的重要意义，准确把握"双创"发展的新趋势新特征，走进"双创"，体验"双创"，成为知识经济时代下"双创"的参与者。

问题二 "双创"离你有多远

从5000元到10亿元的传奇

短短两年时间他由一名在校大学生成为全省最大的网络游戏公司总裁，让5000元变成10亿元，这听起来像是一个现代的创业传奇。然而，这个传奇的缔造者却是一位年仅23岁的应届大学毕业生，名叫金津的"创业楷模"和"史上最牛学生"，他高居2009年、2010年"中国大学创业富豪榜"榜首。

金津从小就是个游戏玩家，他挣来的第一笔钱也和游戏有关。读高三的时候，金津和另外四人组队参加电子游戏竞赛，团队获得1500元奖金，每人分到300元。那时候他就下定决心以后也要自己开发网游赚钱。

2003年，他考入了浙江理工大学。金津琢磨起了游戏，他投入了5000元买点卡，由于当时竞争者少，需求旺盛，利润率非常高。他还在网上卖"装备"，低价购进，高价卖出，就这样让5000元变成了近100万元，赚到了他创业之途上的第一桶"金"。

金津并没有就此满足，他又瞄准了朝阳产业，也是杭州正大力扶持的产业——动漫游戏。

2005年，金津在杭州正式创业，他给自己的公司起了个"渡口"的名字。从此岸到彼岸，从传统产业到IT业，"渡口"似乎更多了一层含义。金津自己也说,"更想把它看作一个新的起点。"

彼时,杭州正在打造"动漫之都",有着非常不错的创业环境和人才储备,而且给了年轻人许多创业的优惠政策。金津至今记得当时筹建公司时,高新区直接给公司一整层楼的办公场地,而租金着实让他大吃一惊——免费。短短两年内,渡口网络公司不仅在杭州、上海等地设立总部和分部,而且在全国 11 个城市建立了办事处。来自全国各地的 300 多名年轻大学生和这位年轻的总裁一起,共同实现着他们的创业梦。

2009 年,当国际知名的风险基金对渡口公司进行战略性风险投资时,公司估值高达 10 亿元。如今,一栋高达 30 多层的属于自己的网游大厦也正在江南大道上破土动工。

资料来源:李时椿,常建坤. 创业基础〔M〕. 北京:清华大学出版社,2013.

李嘉诚说过,在事业上谋求成功,没什么绝对的公式。① 创业有很多未知与风险,而唯一确定的是创业者不曾停止地实践探索。短短两年时间金津从 5000 元到 10 亿元的传奇经历,让我们深刻地体会到,我们处于一个"双创"的时代,作为"双创"的主人,我们每个人都需要理解其内涵和发展的路径,真正地成为"双创"时代的主力军。

一、"双创"在身边

(一)人生发展需要创新

社会的每一个进步,都是科技创新推动的结果。如中国古代

---

① 黄昌建. 大学生职业生涯规划研究〔D〕. 重庆:西南大学,2006.

的四大发明，对中国人民和世界文明都做出了巨大的贡献，对近代资本主义的产生起了很大的推动作用。马克思就曾经把印刷术、火药和指南针，看作是"预告资产阶级社会到来的三大发明"。又如三次技术革命，实际上就是三次重大的技术创新，而每一次技术革命都给人类社会带来了一次重大的发展。第一次技术创新的成果——蒸汽机的出现，将人类从繁重的体力劳动中解放出来，促进了工业的迅速发展。第二次工业革命即工业技术创新。电机的产生，同样促进了社会生产力的发展，使人类进入了电气化时代。第三次工业革命即空间、信息和原子能技术革命，促进了生产自动化、管理现代化、科技现代化和国防技术现代化。今天，我们生活在文明的社会里，能够享受现代的民主与自由，能够在衣、食、住、行的各个方面都享受着现代科技的成果。这一切都是人类不断创新的结果。人类每出现一次重大创新，就会给人类社会和生活带来巨大的变化，就会结束一个旧时代，开创出一个新时代。可以说，是因为创新，才有了社会的进步；是因为创新，才有了时代的发展。

1. 创新与创新意识。

（1）创新的内涵。创新是以新思维、新发明和新描述为特征的一种概念化过程。起源于拉丁语，它原意有三层含义：一是更新；二是创造新的东西；三是改变。创新是人类特有的认识能力和实践能力，是人类主观能动性的高级表现形式，是推动民族进步和社会发展的不竭动力。一个民族要想走在时代前列，就应该具有理论思维，就不能停止理论创新。创新在哲学、社会学、经济学等领域的研究中都有着举足轻重的分量。创新有以下几个层面的内涵：

第一，哲学内涵。从哲学的角度来说，创新是人类的实践行为，是人类对于发现的再创造，是对于物质世界矛盾的利用再创造。人类通过对物质世界的再创造，制造新的矛盾关系，形成新的物质形态。创意是创新的特定形态，意识的新发展是人对于自我的创新。发现与创新构成人类相对于物质世界的解放，是人类自我创造及发展的核心矛盾关系。其代表两个不同的创造性行为。只有对于发现的否定性再创造才是人类创新发展的基点。实践是创新的根本所在。创新的无限性在于物质世界的无限性。

第二，社会学内涵。在社会学的范畴内，创新是指人们为了发展需要，运用已知的信息和条件，突破常规，发现或产生某种新颖、独特的有价值的新事物、新思想的活动。创新的本质是突破，即突破旧的思维定式、旧的常规戒律。创新活动的核心是"新"，它或者是产品的结构、性能和外部特征的变革，或者是造型设计、内容的表现形式和手段的创造，或者是内容的丰富和完善。

第三，经济学内涵。在经济学领域中，创新的定义是指以现有的知识和物质，在特定的环境中，改进或创造新的事物（包括但不限于各种方法、元素、路径、环境等），并能获得一定有益效果的行为。什么是创新？简单地说就是利用已存在的自然资源或社会要素创造新的矛盾共同体的人类行为，或者可以认为是对旧有的一切所进行的替代、覆盖。

在经济学上，约瑟夫·熊彼特在其著作中提出：创新是指把一种新的生产要素和生产条件的"新结合"引入生产体系。它包括五种情况：引入一种新产品，引入一种新的生产方法，开辟一个新的市场，获得原材料或半成品的一种新的供应来源，新的组织形式。约瑟夫·熊彼特的创新概念包含的范围很广，如涉及技术性变化的创新及非技术性变化的组织创新等。

（2）创新的概念。创新涵盖了诸多领域，主要包括理论创新、制度创新、科技创新、文化创新及其他创新等。那么，如何给创新定义呢？

创新的狭义概念是1912年由约瑟夫·熊彼特在《经济发展理论》一书中提出的技术创新理论。他认为"创新"就是"建立一种新的生产函数"，是把一种从来没有过的关于生产要素和生产条件的"新组合"引入生产体系。熊彼特所说的创新，包括引进新产品、引用新技术即新的生产方法、开辟新市场、控制原材料的新供应来源和实现企业的新组织等五种情况。

约瑟夫·熊彼特的"创新理论"所说的"创新"，是指一个过程，既包括新产品、新工艺的开发，也包括将这些开发成果转化为生产力并在市场上得到实现的全过程。由于这种"创新"概念能够较好地体现技术变革在经济发展中的作用，有利于纠正科学技术与经济相互脱节的弊端，促进技术与经济的结合。这种"创新"概念已经在联合国经合组织、欧盟等一些有影响的国际组织中得到广泛的认同和使用。

联合国经合组织按照熊彼特的观点将创新描述为"把一种设想变成一种投放到市场上的新的或改进的产品的转变过程；或把一种设想转变成用于工业中的新的或者改进的工艺"。由于产品创新与工艺创新是熊彼特创新理论中的重点内容。因此，人们常将他的创新理论称为"技术创新理论"。熊彼特的技术创新理论是科技与经济结合的概念。或者说它首先是一个经济学概念，然后才是科学技术方面的概念。因此，必须从技术与经济的结合上才能深刻理解技术创新的内涵。

创新的广义概念是指人的创造性劳动及其价值的实现。创新首先是一个经济学的概念，但它并不局限于经济学的范畴。从一定意义上说，人类的创新活动贯穿于人类"三大实践"——生产斗争（生产实践）、阶级斗争（政治与社会实践）、科学实验（科技实践）之中。创新是弃旧图新，它包含有科学发现，技术发明及其商品化、产业化的发明、创造实践，也可以是人类在实践过程中，突破传统的思想、行为和成果等。

在日常生活中，人们使用的创新精神、创新能力、创新人才、创新成果等概念都是广义创新的概念，也可以说是一种社会学上的概念，它与西方经济学家们所说的狭义创新概念（技术创新）是有区别的。由图2-1可知，广义创新分为科技创新、制度创新和意识创新。这三大类创新活动分别属于生产力范畴、生产关系范畴和上层建筑领域。通过它们的共同作用推动着生产的发展、经济的繁荣和社会的进步。对一个国家来说，创新是提高国家综合国力，获得综合效益的重要举措。

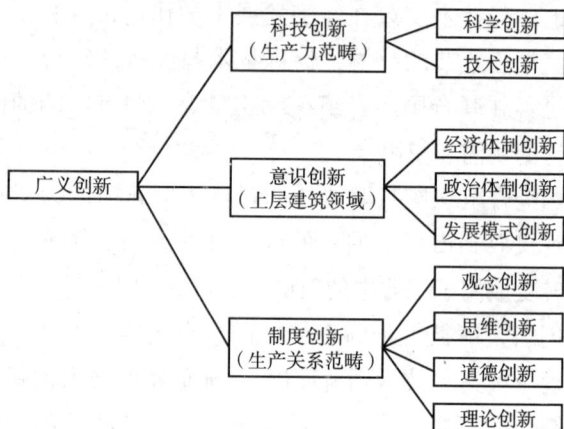

图2-1 创新的广义概念

通过上面的叙述与总结，可以知道创新是指以现有的思维模式提出有别于常规或常人思路的见解为导向，利用现有的知识和物质，在特定的环境中，本着理想化需要或为满足社会需求，而改进或创造新的事物、方法、元素、路径、环境，并能获得一定有益效果的行为。创新是人类特有的认识能力和实践能力，是人类主观能动性的高级表现，是推动民族进步和社会发展的不竭动力。一个民族要想走在时代前列，就一刻也不能没有创新思维，一刻也不能停止各种创新。创新在经济、技术、社会学以及建筑学等领域的研究中具有举足轻重的地位。

（3）创新意识。创新意识是指人们根据社会和个体生活发展的需要，引起创造前所未有的事物或观念的动机，并在创造活动中表现出的意向、愿望和设想。它是人类意识活动中的一种积极的、富有成果性的表现形式，是人们进行创造活动的出发点和内在动力，是创造性思维和创造力的前提。

创新意识具有如下特征：

一是新颖性。创新意识或是为了满足新的社会需求，或是用新的方式更好地满足原来的社会需求，创新意识是求新意识。

二是社会历史性。创新意识是以提高物质生活和精神生活水平需要为出发点的，而这种需要很大程度上受具体的社会历史条件制约，在阶级社会里，创新意识受阶级性和道德观的影响和制约。人们的创新意识激起的创造活动和产生的创造成果，应为人类进步和社会发展服务，换言之，创新意识必须考虑社会效果。

三是个体差异性。人们的创新意识和他们的社会地位、文化素养、兴趣爱好、情感志趣等相对应，它们对创新能起重大的推进作用。而在这些方面，每个人都会有所不同，因此对于创新意识既要考察其社会背景，又要考察其文化素养和志趣动机。

【知识链接】

常见的五种创新方式

1. 全新产品：新的原理、新的技术或工艺来制作的，市场上从来没有看到过的，如微软的操作系统。

2. 革新产品：在原有的基础上，采用新技术，从而使原来的产品更能满足顾客的需求，如彩色电视机替代黑白电视机。

3. 改进产品：比原有的产品功能更为先进，或者给原来的产品做出一定的改进。如在原来牙膏的基础上，开发防蛀牙膏。

4. 改变外观：把原来产品的外形和包装变化一下，有时仅仅是改变了形状和色彩，也可以带来意想不到的效果。如婚庆糖果的包装，变得越来越精致美观，容量也小了。

5. 创新品牌：原有的产品市场上或许已经被顾客审美疲劳了，有时换了新的品牌，尽管换汤没换药，但对顾客来说，新的品牌亮相，通常都会引起新的关注。如有的店重新装修也会带来新的顾客和生意。

资料来源：李伟，张世辉. 创新创业教程［M］. 北京：清华大学出版社，2015.

2. 体验创新思维。生活中，任何事情都不是一成不变的。去年的做法到了今年也许就跟不上时代的需要了，昨天的观念到了今天也许就成为了历史，所以我们的思维也是需要不断变换的。人类的思维方式多种多样，而创新思维只不过是其中的一种。如果一条道走到了死胡同，被困在那里，却不知道退出来另外寻找道路，那么必将困死在胡同尽头。而懂得回头并从另一条路上继续前进的人，他一定会在不断变化的过程中找到解决问题的办法，并到达终点。这个不断寻找新出路的过程，其实就是锻炼创新思维的过程。我们每个人都拥有创新思维，但却不是所有的人都能够激发它。大多数人常规性思维占主导地位，导致创造力发挥不出来，创新思维处于被埋没的境地。在当今社会，谁能激活创新思维，谁就能够拥有强大的正能量，谁就可以引领潮流，成为某一行业或领域的领导者。

（1）创新思维的概念。创新思维的本质在于"新"，不是墨守成规，不是思想僵化，更不是无用功的重复。爱迪生发明电灯泡虽然尝试了几千次，但他的每一次尝试都是一种创新，都和之前的实验不同。创新思维是极具创造力的，这与大自然的创造力性质相同：大自然可以创造出新事物，而人类的创新思维同样具有这样的本领。创新，不仅仅是科学发明，还包括艺术创新，制定新规划、构思新思路、设计新产品等。如果创造力离开了创新，那么创新思维也就无从谈起了。

所谓创新思维，是指人类在认识与探知未知世界的时候，积极调动自己的主观能动性，摆脱死板的逻辑套路，通过多变、多样的方法来寻找万物变化发展的原理的一种思维创造活动。[①]

这种思维能突破常规思维的界限，以超常规甚至反常规的方法和视角去思考问题，提出与众不同的解决方案，从而产生新颖的、独到的、有社会意义的思维成果。创新思维的产生，是人自身内部正能量积聚到一定程度后迸发出来的火花，即所谓的厚积而薄发；同时，它也是正能量积聚的一个起点，因为创新意味着打破一切常规，意味着变通，意味着另辟蹊径，它的力量是巨大的，一系列正能量都会随之产生，如金点子带来的财富、人脉、社会效益，以及经验的积累，思维也将变得更加活跃。这些正能量聚集得越多，人的创新思维就越活跃，人的创造力就越强，好点子就越多，离成功就越近。

（2）创新思维的特点。创新思维作为一种思维活动，既有一般思维的共同特点，又有不同于一般思维的独特之处。具体表现在：

----

① 王跃新．创新思维发生及运行机制探赜．[J]．吉林大学社会科学学报，2015（9）.

一是求异性。创新思维在创新活动过程中，尤其在初期阶段，求异性特别明显。它要求关注客观事物的不同性与特殊性，关注现象与本质、形式与内容的不一致性。

英国科学家何非认为："科学研究工作就是设法走到某事物的极端而观察它有无特别现象的工作。"① 创新也是如此。一般来说，人们对司空见惯的现象和已有的权威结论怀有盲从和迷信的心理，这种心理使人很难有所发现、有所创新。而求异性思维则不拘泥于常规，不轻信权威，以怀疑和批判的态度对待一切事物和现象。例如，华罗庚在数学上崭露头角就是从怀疑开始的。1930 年，20岁的华罗庚从一本杂志上读到苏家驹教授的一篇论文，谈代数五次方程的解法。华罗庚在认真细致地读了这篇论文之后，经过缜密的推理、独立的运算，得出了与之完全相反的结论。于是，他对苏教授的文章提出了质疑，写出了《苏家驹之代数的五次方程式不能成立的理由》的论文，引起了数学界的强烈反响。从此华罗庚走上了数学研究之路。

二是联想性。联想是将表面看来互不相干的事物联系起来，从而达到创新的界域。联想性思维可以利用已有的经验创新，如我们常说的由此及彼、举一反三、触类旁通，也可以利用别人的发明或创造进行创新。

现代火车的刹车装置是美国发明家威斯汀豪斯发明的。他为了创造这种能够同时作用于整列火车每一节车厢的制动装置，曾经苦苦思考了很久，一直想不出什么办法。后来他在某一专业杂志上看到，在挖掘隧道的时候，驱动风钻的压缩空气是用橡胶软管从几百米以外的空气压缩站送来的，从而联想到火车刹车装置可用类似的办法得到解决，结果发明了气动刹车装置，直至今天

---

① 池改梅. 如何培养学生的创新思维能力［J］. 教育教学研究，2016（1）.

仍然被广泛地应用着。

联想是创新者在创新思考时经常使用的方法，也比较容易见到成效。能否主动地、有效地运用联想，与一个人的联想能力有关，然而在创新思考中若能有意识地运用这种方式则是有效利用联想的重要前提。任何事物之间都存在着一定的联系，这是人们能够采用联想的客观基础，因此联想的最主要方法是积极寻找事物之间的一一对应关系。

三是发散性。逻辑思维往往是沿着一条直线方向固定向前进的思维，它的目的常常在于寻找一个正确答案，即它的答案具有单解性及正确性的特点。与此相反，创新思维往往没有固定的延伸方向，它既可以是同一或相反方向的思维，也可以是平面内的二维思维或三度空间的立体思维。发散性思维是创新思维的核心。发散性思维能够产生众多的可供选择的方案、办法及建议，能提出一些独出心裁、出乎意料的见解，使一些似乎无法解决的问题迎刃而解。

发散性思维是一种开放性思维，其过程是从某一点出发，任意发散，既无一定方向，也无一定范围。它主张打开大门，张开思维之网，冲破一切禁锢，尽力接受更多的信息。可以海阔天空地想，甚至可以想入非非。人的行动自由可能会受到各种条件的限制，而人的思维活动却有无限广阔的天地，是任何别的外界因素难以限制的。

四是综合性。综合性思维是把对事物各个侧面、部分和属性的认识统一为一个整体，从而把握事物的本质和规律的一种思维方法。综合性思维不是把事物各个部分、侧面和属性的认识，随意地、主观地拼凑在一起，也不是机械地相加，而是按它们内在的、必然的、本质的联系把整个事物在思维中再现出来的思维方法。

综合就是创新，这一观念在实践中已产生巨大的效应。以国度而言，得益最大的就是普及这一观念的日本。近百年来的重大科技发现和发明，很少源于日本，但日本的高科技产业，却称霸当今世界，在整体水平上雄踞世界第二。其基本经验就是发现了并大力推广了综合创新这一思想。20 世纪五六十年代，日本主要依靠引进欧美各国的先进技术，然后博采各家之长，对其进行融合，生产出自己的世界一流的产品。如松下电器，曾引进 300 多项新技术，引进所有的零部件，引进线路图，然后加以综合利用，从而生产出了世界一流电视机。

美国在 1969 年 7 月 16 日，实现了"阿波罗"登月计划，参加这项工程的科学家和工程师达 42 万多人，参加单位 2 万多个，历时 11 年，耗资 300 多亿美元，共用 700 多万个零件。美国"阿波罗"登月计划总指挥韦伯曾指出："阿波罗计划中没有一项新发明的技术，都是现成的技术，关键在于综合。"[①] 可见，阿波罗计划是充分运用综合性思维方法进行的最佳创新。

五是逆向性。逆向性思维就是有意识从常规思维的反方向去思考问题的思维方法。如果把传统观念、常规经验、权威言论当作金科玉律，常常会阻碍我们创新思维活动的展开。因此，面对新的问题或长期解决不了的问题，不要习惯于沿着前辈或自己长久形成的、固有的思路去思考问题，而应从相反的方向寻找解决问题的办法。

欧几里德几何学建立之后，从公元 5 世纪开始，就有人试图证明作为欧氏几何学基石之一的第五公理，但始终没有成功，人们对它似乎陷入了绝望。1826 年，罗巴切夫斯基运用与过去完全相反的思维方法，公开声明第五公理不可证明，并且采用了与

---

① 张学文. 魅力来自综合——综合色彩思议及其探微 [J]. 装饰，1995（5）：39.

第五公理完全相反的公理。从这个公理和其他公理出发，他终于建立了非欧几何学。非欧几何学的建立解放了人们的思想，扩大了人们的空间观念，使人类对空间的认识产生了一次革命性的飞跃。

六是独创性。独创性思维在思路的探索上、思维的方式方法上和思维的结论上，能提出新的创见，做出新的发现，实现新的突破，具有开拓性、延展性、突变性。一般思维通常是复制性的，也就是说，以过去遇到的问题为基础，一遇到问题就会这样想："我在生活、学习及工作中学到的知识是怎样叫我解决这个问题的？"然后，选出以经验为基础的最有希望的方法，沿着这个明确界定的方向去解决问题。

独创性思维就是要敢于打破陈规陋习，敢于摒弃陈腐观念，敢于怀疑现成的东西，敢于怀疑具有权威性的理论。越是被世俗公认完美无缺的东西，就越要敢于怀疑它，要"学而多疑"，并且要敢于推翻那些理论，发现自己的新见识，提出自己的新创见，去实现新的突破。换言之，就是用自己的头脑、自己的方式，去做自己认定的事。

七是灵活性。创造性思维具有极大的灵活性。由于创造性思维不是按照"例行公事"的方式解决问题，并无现成的思维方法可循，所以不受僵化的框框、条条限制。进行创造性思维的人，可以在知识的海洋里纵情遨游，在想象的王国里自由驰骋；可以从一个思路跳到另一个思路，从一种意境钻入另一种意境。为了试探解决问题的办法，创造性思维需要根据情况的变化随时做出相应的调整和修正，因而思维敏捷，机智灵活，尤其善于变通。

创新在 21 世纪的新角色

在人类的整个文明史中，创新所扮演的角色是大不相同的。这里，我们不妨回顾一下通信技术的发展史。

据说，距今 5000 多年前，古埃及人使用鸽子来传递书信。4000 年前，从我国商周开始，烽火就是一种非常有效的传递战争警报的手段。2500 年前，古波斯人建立了邮政驿站，使用接力方式传递消息。300 多年前，在 17 世纪中叶，法国在巴黎街道设立了邮政信箱，出现了邮票的雏形。100 多年前，1840 年，第一枚现代意义上的邮票才在英国诞生。可见，在工业革命以前，通信技术的创新在时间进程上显得非常缓慢，更新换代是以千年、百年为单位进行的。

随着 19 世纪工业革命的完成，科学技术飞速发展，全新的、高效的通信技术以前所未有的速度涌现出来。1832 年，电报机诞生。1850 年，英国和法国之间架设了第一条海底电缆。1875 年，贝尔发明了电话。1895 年，马可尼采用无线方式实现了远程无线通信。1925 年，电视发明，不久，电视转播迅速普及。1963 年，美、日利用卫星成功地进行了横跨太平洋的有源中继通信。20 世纪 70 年代出现了最早的移动电话和最早的电子邮件。80 年代中后期，便携的手机出现在人们的视野中。每 10 年到 20 年，通信技术都有一个重要的创新。最近的 20 年，更是互联网和手机通信在全世界范围飞速发展、普及的 20 年。无论怎样计算，近 100 多年的通信的创新速度都比工业革命以前提高了无数倍，一个个改变人类生活面貌的创新以每几年、每一年甚至每个月的速度出现在人们面前。21 世纪的人们已经习惯于这样一个事实：在高速发展的科技创新面前，任何对未来的憧憬都有可能，因为明天出现的某一项创新而在短期内变成现实。

除了周期更短、更新、更频繁的特点以外，在21世纪，创新的应用性也更强了。如果说古代的创新对于人们生活的改变还不是那么重要的话，在21世纪，几乎每一项有价值的创新都可能迅速、有效地改变人们生活的某一个侧面。以前，更多的发明、发现是基于对自然界的新的认识，今天，大多数创新则是为了解决现实生活中遇到的实际问题，例如，个人计算机的发明、互联网的发明等，它们都在最大限度上改变了人们的生活方式。

在21世纪，创新是唯一可以持续的企业竞争力，由创新引发的竞争越来越激烈。越来越多的企业已经认识到，"有用"但是不创新的产品在今天的激烈竞争环境中很容易被抄袭，只有创新才能增加产品的差异化特性，才能通过难以复制的新技术，或使用专利保护等手段增加企业的智力资产，才能在市场上抢占先机，才能拥有真正可持续的竞争优势。所以一个21世纪的高科技企业必须不断创新才能维持它的竞争力和生命力。例如，在谷歌推出基于Page Rank技术的文字网页搜索数年后，许多别的公司也实现了类似的技术。在这种形势下，谷歌继续研发，做出了整合搜索，让搜索结果除了有文字，还有其他多元化信息，如视频、图像、新闻、天气等。当谷歌第一个推出可以让用户拖拽的地图几个月后，许多别的公司也做出了类似的产品，于是谷歌又推出了谷歌地球，让人们能够浏览近似三维的卫星地图。

我们把这种21世纪的高科技行业和过去的传统高科技行业相比，会发现21世纪的高科技行业创新更加快速，更加多样化。例如，波音和空客所代表的民用航空领域这样的传统高科技行业的创新周期是十年左右，并且往往和以前差异化不是很大，而在崭新的互联网行业里几个月可能就有新的产品推出，而且经常都是革命性的。

在 21 世纪里，创新已经成为我们的生活密不可分的一部分。无论是企业还是个人，都已经无法忽视创新对我们工作、生活的影响。只有拥抱创新，才能融入这个新的时代，才能更好地迎接挑战。

资料来源：李开复. 做最好的创新［J］. 中国企业家，1999（11）.

（二）创业中践行奋斗的人生

只要简单回顾一下近几十年，创业者所创造出的新行业，诸如个人电脑、生物技术、智能电视、电脑软件、办公自动化、手机服务、电子商务、移动互联网、虚拟技术，人工智能等，我们不难想象出创业者是如何巨大地改变了世界的发展进程和人们的生活、工作和学习方式的。

1. 创业含义的理解。《现代汉语词典》对"创业"的解释是：创办事业。而"事业"是指人所从事的，具有一定目标、规模和系统并对社会发展有影响的经济活动。《辞海》对"创业"的解释是：创立基业。"基业"是指事业的基础。由此可见，创办事业是创业的本质。

创业有广义和狭义之分。狭义上讲的创业概念源于"Entrepreneur"一词，因而对其理解通常带有经济学的视角。如精细管理工程创始人刘先明认为，创业是指某个人发现某种信息、资源、机会或掌握某种技术，利用或借用相应的平台或载体，将其发现的信息、资源、机会或掌握的技术，以一定的方式，转化、创造出更多的财富、价值，并实现某种追求或目标的过程。郁义鸿、李志能在《创业学》一书中指出："创业是一个发现和捕捉机会并由此创造出新颖的产品或服务，实现其潜在价值的过程。"

可见，狭义的创业特指个人或团队自主创办企业，人们将其定义为：创业个人或创业团队不拘泥于当前资源约束，寻找和把握各种商业机会，投入已有的知识、技能和社会资本，调动并配置相关资源，创建新企业，为消费者提供产品或服务，具有创新或创造性的、以创造价值为目的的活动过程。

因此，创业的内涵可总结为以下几点：

第一，创业的主体是个人或小规模群体（团队）。创业者的身份是资源（知识、能力、社会资本等）所有者和资源（资金、技术、人员、机会等）配置者。

第二，创业的关键是商业机会的发掘与把握。

第三，创业的前提是要打破规则和资源约束，创业是一个创造性的过程，具有创新性，即创业的本质是创新。

第四，创业需要创立新的社会经济单元。创业的价值实现有赖于将所提供的产品和服务在市场上转化为商品。

第五，创业具有明确的目的性：创业过程必然要求创造价值、转移价值和获取价值。比如，增加财富，包括个人和社会的物质与精神财富。

由此可见，创业具有自觉性、创新性、风险性、利益性和曲折性等五方面特性，如图2-2所示。

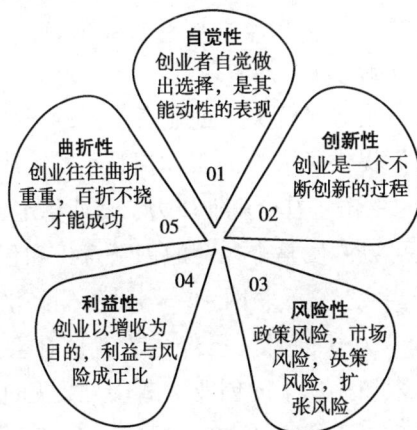

图2-2　创业的内涵

2. 创业实现人生价值。

（1）创业对社会的意义。第一，创业可以增加社会财富，促进经济发展和社会繁荣。创业过程是增加社会财富的过程，企业在生产经营的过程中，为社会创造了财富，增加了社会价值，并大大增加了国家的财政税收。企业的产品和服务拉动了国内市场需求，满足了人民生活的需要，丰富了市场，促进了社会经济繁荣。创业还改变了传统的产业格局，催生了很多崭新的行业，加速了经济结构的调整。在创业过程中，社会资源得到优化配置，市场体系不断得到完善，市场竞争活力得以保持。

第二，创业可以实现先进技术转化，促进生产力提高和科技创新。创新是创业的主要驱动力量，创业是新理论、新技术、新知识、新制度的孵化器，也是新理论、新技术、新知识、新制度形成现实生产力的转化器。

第三，创业可以提供就业岗位，缓解社会就业压力。我国人口众多，就业问题一直是一个关于民生的大问题，解决就业问题是我国的一个长期任务。与此同时，随着经济体制改革，国有、集体企业下岗分流、减员增效，这些企业的就业空间大幅缩减，而私营和个体经济成为就业的主渠道。

中小型创业企业不仅解决了创业者本身的工作岗位，同时也为需要工作的人们提供了大量的工作岗位，扩大了就业范围，降低了失业率，大大缓解了社会就业压力，从而稳定了社会秩序。

第四，创业可以激发整个社会的创新意识和创业精神，有利于观念的转变。当今，"互联网＋"与供给侧经济结构改革背景下的"大众创业、万众创新"已经成为我国社会经济改革发展的主旋律。近年来如火如荼的创业大潮让无数人进入了经济和社会的主流，正在形成创新、宽容、民主、公正、诚信等市场观念，对于构建经济发展新常态、发展新经济与促进就业具有积极作用。

（2）创业对创业者的意义。创业是一个伟大的历程，是一个精彩的大舞台。创业起步可高可低，创业的发展空间无限。通过创业，能有效实现人生价值，把握人生航向。

第一，创业可以主宰自己，充分发挥自己的才干。许多上班族之所以感到厌倦，积极性不高，重要原因之一是给别人"打工"，个人的创意、想法往往得不到肯定，个人的才能无法充分发挥，愿望得不到实现，工作缺乏成就感，行事有诸多约束。而创业则完全可以摆脱原有的种种羁绊，摆脱在行为上受制于人的局面，充分施展自己的才华，发挥最大潜能，使自己的人生价值得到更好的体现。

第二，创业可以帮助个人积累财富，一定程度上满足个人对物质的追求欲望。工薪阶层的收入有高有低，但都是有限的，没有太多提升的空间。而摆脱这些烦恼的最佳途径就是开创一份完全属于自己的事业，它提供的利润是没有极限的，可任你想象。根据统计资料，在美国福布斯富人榜前四百名富人中，有75%是第一代的创业者。而在中国富豪榜中，以创业起家的也不在少数。

第三，创业能够使个人有机会和实力回馈社会，具有极高的成就感。创业者创造的企业一方面为社会提供了产品或服务，一方面为个人、社会创造了财富。企业融入社会再生产的大循环之中，从多个环节为国家和社会做出了贡献。这种贡献使得创业者个人能够从中收获巨大的成就感。

第四，创业使个人能够从事喜欢的事业并从中获得乐趣。创业者选择创业项目，通常都会从个人感兴趣的领域着手，将其与自己的知识技能、专业特长等结合起来。而做自己喜欢做的事本身就是一种享受。

第五，创业使个人从挑战和风险中得到别样的享受。创业充满挑战和风险，同时也充满克服种种挑战的无穷乐趣。在创业过程中，可以感受到无穷的变化、挑战和机遇，这是一个令人兴奋的过程。创业者可以通过征服创业过程中的重重困难来丰富自己的人生体验。

总之，创业是实现人生理想和价值、获得自身全面发展的有效途径，创业对于创业者的具体意义如图2-3所示。

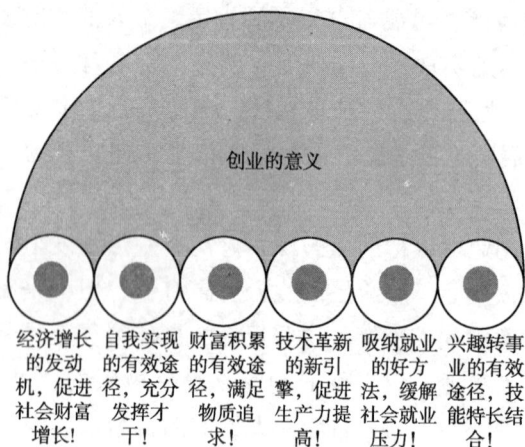

创业的意义

| 经济增长的发动机，促进社会财富增长！ | 自我实现的有效途径，充分发挥才干！ | 财富积累的有效途径，满足物质追求！ | 技术革新的新引擎，促进生产力提高！ | 吸纳就业的好方法，缓解社会就业压力！ | 兴趣转事业的有效途径，技能特长结合！ |

图2-3　创业的意义

【知识链接】

熊彼特的创新创业理论

哈佛大学经济学家熊彼特的创业理论具有最鲜明的特色，他赋予创业者以"创新者"的形象，认为创业者的职能就是实现生产要素新的组合。创业是实现创新的过程，而创新是创业的本质和手段。他把创新比喻成为"革命"，创业者是"通过利用一种新发明，或者更一般地利用一种未经实验的技术可能性，来生产新产品或者用新方法生产老产品,通过开辟原料供应的新来源或开辟产品的新销路,通过改组工业结构等手段来改良或彻底改革生产模式"。他强调创业和发明不是一个概念,创业最终需要创新成果在市场上实现。创业者的职能"主要不在于发明某种东西或创造供企业利用的条件,而是在于有办法促使人们去完成这些事情"。他进一步认为,经济体系发展的根源在于创业活动。

熊彼特的创新创业理论主要有以下基本观点:

1. 创新的定义和内容。熊彼特认为,创新是把一种生产要素和生产条件的"新组合"引入生产体系,并通过市场获取潜在的利润的活动和过程。熊彼特提出的创新包括五方面的内容:引入一种新产品;引入一种新的生产方法;开辟新市场;获得新的原材料;实现一种新的组织。

2. 创新与企业家。熊彼特认为,创新是企业家的根本职能。创新者就是企业家。真正的企业家必须具备四个基本的能力条件:要有眼光,能看到别人不一定看得到的潜在的利润;具有能抓住机遇的敏锐性;要有胆量,敢于冒风险;要有组织能力,不仅能动员和组织企业的内部资源,还能够组织利用外部资源来实现创新。

3. 创新与经济发展。经济由于创新而得以发展。创新的实现使创新者获得高额的利润,在市场经济条件下,必然引起模仿和竞争。这就导致创新产品或劳务的市场价格下降,于是消费者和整个社会从中获益。当价格下降至无利可图时,一轮创新即告结束,新的创新又将开始。这样,创新、模仿和竞争推动着经济浪潮式发展。

4. 创新与毁灭。创新是一种创造性的毁灭。这里的毁灭是指一批企业在创新浪潮中被淘汰,其生产要素被重新组合。不断创新、不断毁灭,一些企业在创新中发展了,另一些企业被淘汰了。

5. 创新与经济发展的原动力。熊彼特认为，企业家的行动，是创新和经济发展这些"重要现象的动力"。

首先，熊彼特认为，获取创新产生的超额的经济利润，是企业家进行创新的原动力之一。然而，他又认为，除利润动机外，创新和经济发展最主要的动力是"企业家精神"。

所谓"企业家精神"，根据熊彼特的定义，其主要含义包括：创造性和首创精神；强烈的成功追求欲望和"事业成功至上"的价值观；甘冒风险、以冒险和战胜艰难困苦为乐的精神；强烈的事业心。

熊彼特指出，资本主义经济是在企业家的企业家精神的推动下才实现创新和发展的，因此，企业家精神是经济发展最主要的动力，是创新的灵魂。

6. 实现创新的途径。熊彼特指出：创新的实现具有一定的途径，即创新具有其特定的实现过程。熊彼特关于创新实现途径的思想被归纳为"熊彼特创新模型Ⅱ"。在熊彼特创新模型Ⅱ中，熊彼特特别强调了企业家推动创新，因此我们把它称为"企业家主导型模型"。这个模型的特点是：第一，在企业和现有市场外部，存在着与科学技术新发展相关但未进入应用的科学技术发明；第二，企业家意识到应该把这些发明引入生产体系，实施创新，这种冒险行动是一般资本家或经理不敢争取的；第三，一旦一项根本性的创新成功实施，将改变现有市场和生产结构，创新者将获得短期的超额垄断利润，但随后会因大量模仿者进入而削弱。熊彼特创新模型Ⅱ特别强调大企业尤其是垄断型大企业在创新中的作用。他认为：与完全竞争相比较，垄断型大企业更有利于创新。

7. 实现创新的社会环境和社会条件。熊彼特认为，创新并不是在任何社会经济条件下都可能发生的。只有实现了从所谓"循环流转"社会经济形态向市场经济为主导的社会制度形态的转变时，创新才有可能实现。而这转变实现的关键性突破在于观念的更新，即率先实现观念创新。

此外，资本和高度发达的金融信用制度是企业家实现创新的必要条件，而信用使得个人能在不限于自有资产的更大范围上进行创新投资活动，因此，信用机制是创新的基础条件。

资料来源：李雪. 熊彼特的企业家创新与创业劳动理论研究 [D]. 郑州：郑州大学，2015.

二、时代呼唤"双创"精神

（一）创业和创新的关系

在经济学界，创新和创业是两个既紧密联系又有区别的概念。二者在某种程度上具有互补和替代关系，创新是创业的基础和灵魂，而创业在本质上是一种创新活动。但创业和创新也是有所区别的，从现有的经济理论和研究看，创新更加强调其与经济增长的关系，比较著名的是经济学家索罗对经济增长中技术进步贡献的定量测算，而创业的内涵更丰富，不仅有创新的内容，还涉及就业和社会发展以及公平正义。

影响创新创业的因素有很多，包括国民素质、基础研究水平、科研基础设施条件、体制政策环境等方面，但核心是人的因素，关键是创新型企业的发展壮大。从某种程度上讲，推动创新发展，就是坚持以人为本推进创新，要提高国民的教育水平，充分调动和激发人的创业创新基因。就是坚持以企业为主体推进创新，要大力推动创业企业发展，强化企业作为创新发动机的作用。

1. 创新与创业的契合。创业与创新是两个不同的概念，但是两个范畴之间却存在着本质上的契合、内涵上的相互包容和实践过程中的互动发展。第一次提出了创新概念的著名经济学家熊彼特认为，创新是生产要素和生产条件的一种从未有过的新组合，这种新组合能够使原来的成本曲线不断更新，由此会产生超额利润或潜在的超额利润。创新活动的这些本质内涵，体现着它与创业活动性质上的一致性和关联性。

创新是创业的基础，而创业推动着创新。从总体上说，科学技术、思想观念的创新，在促进人们物质生产和生活方式的变革，引发新的生产、生活方式，进而为整个社会不断地提供新的消费需求，这是创业活动之所以源源不断的根本动因；另外，创业在本质上是人们的一种创新性实践活动。无论是何种性质、类型的创业活动，它们都有一个共同的特征，即创业是主体的一种能动的、开创性的实践活动，是一种高度的自主行为，在创业实践过程中，主体的主观能动性将会得到充分的发挥和张扬，正是这种主体能动性充分体现了创业的创新性特征。

2. 创业与创新的相互作用。

（1）创新是创业的本质与源泉。经济学家熊彼特曾提出，创业包括创新和未曾尝试过的技术。创业者只有在创业的过程中具有持续不断的创新思维和创新意识，才可能产生新的富有创意的想法和方案，才可能不断寻求新的模式、新的思路，最终获得创业的成功。

（2）创新的价值在于创业。从一定程度上讲，创新的价值就在于将潜在的知识、技术和市场机会转变为现实生产力，实现社会财富的增长，造福于人类社会。而实现这种转化的根本途径就是创业。创业者可能不是创新者或是发明家，但必须具有能发现潜在的商机和敢于冒险的精神；创新者也并不一定是创业者或是企业家，但是创新的成果则是经由创业者推向市场，使潜在的价值市场化，创新成果也才能转化为现实生产力。这也侧面体现了创新与创业的相互关联。

（3）创业推动并深化创新。创业可以推动新发明、新产品或是新服务的不断涌现，创造出新的市场需求，从而进一步推动和深化各方面的创新，因而也就提高了企业或是整个国家的创新能力，推动经济的增长。

（二）选择创业类型与一般过程

1. 创业的分类。创业从不同的角度、根据不同的标准可以做出不同的分类。

第一类，根据创业动机，可分为机会型创业与就业型创业。（1）机会型创业，指创业的出发点并非谋生，而是为了抓住、利用市场机遇。它以市场机会为目标，能创造出新的需要，或满足潜在的需求，因而会带动新的产业发展，而不是加剧市场竞争。（2）就业型创业，指为了谋生而走上创业之路。这类创业是在现有的市场上寻找创业机会，并没有创造新需求，大多属于尾随型和模仿型，因而往往小富即安，极难做大做强。

虽然创业动机与主观选择相关，但创业者所处的环境及其所具备的能力对于创业动机类型的选择有决定性作用。因此，通过教育和培训来提高创业能力，就可增加机会型创业的数量，不断增加新的市场，减少低水平竞争。

第二类，根据创业者数量，可分为独立创业与合伙创业。（1）独立创业，指创业者独立创办自己的企业。其特点在于产权是创业者个人独有的，企业由创业者自由掌控，决策迅速。但它需要创业者独自承担风险，创业资源准备也比较困难，易受个人才能的限制。（2）合伙创业是指与他人共同创办企业。其优劣势与独立创业相反，优势在于资源准备相对容易，风险均摊，决策制衡，可以发挥集体智慧。但缺点在于权力多头，决策层级多，响应速度慢。

第三类，根据创业项目性质，可分为传统技能型、高新技术型和知识服务型创业。（1）传统技能型创业，指使用传统技术、工艺的创业项目，它具有永恒的生命力。尤其是在酿酒、饮料、中药、工艺美术品、服装与食品加工、修理等与人们日常生活紧密相关的行业中，独特的传统技能项目表现出了经久不衰的竞争力，许多现代技术都无法与之竞争。国内外均是如此。（2）高新技术型创业，指知识密集度高，带有前沿性、研究开发性质的新技术、新产品项目。（3）知识服务型创业，指为人们提供知识、信息的创业项目。当今社会，信息量越来越大，知识更新越来越快，各类知识性咨询服务的机构将会不断细化和增加，如律师事务所、会计师事务所、管理咨询公司、广告公司、培训机构等。这类项目投资少、见效快。

第四类，根据创业方向或风险，可分为依附型、尾随型、独创型和对抗型创业。（1）依附型创业，可分为两种情况：一是依附于大企业或产业链而生存，为大企业提供配套服务。如专门为某个或某类企业生产零配件，或生产、印刷包装材料。二是特许经营权的使用。如利用麦当劳、肯德基等的品牌效应和成熟的经营管理模式，减少经营风险。（2）尾随型创业，即模仿他人创业，"学着别人做"。其特点，一是短期内只求能维持下去，随着学习的成熟，再逐步进入强者行列；二是在市场上拾遗补阙，不求独家承揽全部业务，只求在市场上分得一杯羹。（3）独创型创业，指提供的产品或服务能够填补市场空白。大到商品独创性，小到商品的某种技术的独创性。独创产品是指具有非同一般的生产工艺、配方、原料、核心技术，又有长期市场需求的产品。鉴于独占性原则，掌握它的企业将获得相当高的利润。比如，祖传秘方、进入难度很大的新产品等。但其也有一定的风险性，因为消费者对新事物有一个接受的过程。独创型创业也可以是旧内容新形式，比如，产品销售送货上门，经营的商品并无变化，但在服务方式上扩大了，从而更具竞争力。（4）对抗型创业，指进入其他企业业已形成垄断地位的某个市场，与之对抗较量。这类创业风险最高，必须在知己知彼、科学决策的前提下，抓住市场机遇，乘势而上，把自己的优势发挥到淋漓尽致。如针对百度搜索，出现了搜搜、360搜索等。

此外，依据创业主体可将创业分为大学生创业、失业者创业和兼职者创业；根据创业的融资形式，可分为：独资创业、合资创业、引进各类（风险）投资基金创业等；根据创业者与事业的关系，可分为：个人创业、家族创业、合伙创业、参与创业等；根据创业机遇的选择，可分为：先学习后创业、先深造后创业、先就业后创业、边学习边创业、休学创业等；根据创业的行业领域，又可以分为餐饮、娱乐、批发零售、广告艺术设计、装饰装潢、信息咨询、法律服务、电子信息技术、金融衍生服务等各行业领域的创业。

2. 创业的一般过程。创业过程包括创业者从产生创业想法到创建新企业或开创新事业并获取回报，涉及识别机会、组建团队、寻求融资等活动，可大致划分为识别机会、整合资源、创办新企业、新企业生存和成长四个主要阶段。

（1）识别机会。一个人是否能成为创业者，直接受三方面因素的影响。一是个人特质，每个人都具有创业精神，但其强度不同；二是创业机会，创业机会的增多会形成巨大的利益驱动，促使更多的人创业；三是创业的机会成本评估。

创业机会一般分为两种：一种是意外发现的，另一种是经过深思熟虑才发现的。国家产业政策的调整、新技术的出现、人口和家庭结构的变化、人的物质和精神需要的变化、流行时尚等都可能形成商业机会。及时、准确地识别创业机会之后，还要对机会进行评价和提炼。[①]

---

① 卞颖星，赵恺. 创业的一般过程、模式及特点分析 [J]. 职业，2010 (9).

（2）整合资源。整合创业资源是创业过程最为关键的阶段之一，除非成功地完成这个阶段，否则无论多么有吸引力的机会，或者有多好的新产品和服务、创意都等于零。创业者需要整合的资源包括：基本信息（有关市场、环境和法律问题）、人力资源（合作者、最初的雇员）和财务资源等。

（3）创办新企业。企业的创建需要进行大量的准备工作，其中创业计划、创业融资和注册登记尤为关键。创意能否变成行动，关键看其能否形成一个周密的创业计划；资金往往成为新创企业的"瓶颈"，创业融资在企业的创建过程中至关重要；当创业者完成创业计划并获得融资之后，就可以按照法定程序进行注册登记，包括确定企业的组织形式，设计企业名称，向工商行政管理机关提出企业登记注册申请，领取《企业法人营业执照》等内容。

（4）新企业生存和成长。新企业成立初期应以生存为首要目标，其特征是主要依靠自有资金创造自由现金流，实行充分调动"所有的人做所有的事"的群体管理，以及"创业者亲自深入运作细节"。新创企业要在市场上取得成功，就需要在企业营销策略、组织调整、财务稳健管理等经营管理方面更上一层楼，这是企业成长管理的重要内容。从成长走向成熟的标志之一是能够建设好自己的品牌，形成名牌，在品牌、知识和企业文化等方面形成竞争优势。

在自主创业的过程中大致需要创业者掌握以下六个模块主题，通过这些主题，你将意识到自主创业的过程需要做好充分的准备，明确如何建立可持续的创新型企业。如图2-4所示。

模块一：顾客在哪里？

首先要明确客户群体，明确市场分类，预估市场规模，根据实际情况选择登陆市场，选定并确定最终客户，明确客户形象。

模块二：为客户提供什么？

创业者要为客户提供产品的使用说明、规格、价值，进一步确立自己的核心竞争力。

模块三：顾客怎样购买产品？

在销售方面，创业者想顾客之所想，急顾客之所急。为顾客提供所需要的产品和服务，明确销售途径和销售流程。

模块四：怎样利用产品赚钱？

创业者要设计商业模式，确定商品价格，同时估算客户群体价值。

模块五：怎样设计开发产品？

创业者在开发产品之前要确定产品需求，验证产品市场的需求率，验证顾客付费使用产品，找到自己的前10位客户。

模块六：怎样扩大业务规模？

在投入市场之后，要及时预测产品市场规模，继续开发市场需求产品，达到扩大业务规模的目的。

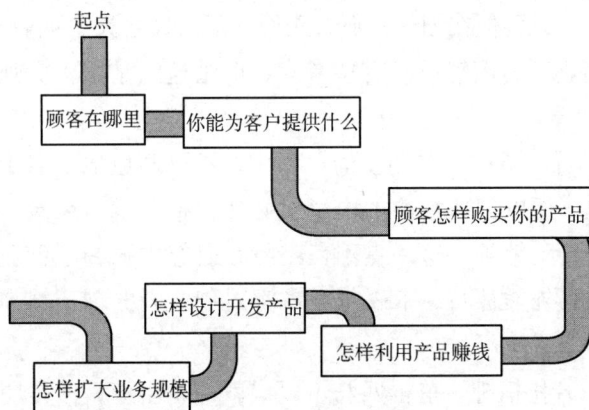

图2-4 创业的六大模块主题

（三）创业精神与人生发展

1. 创业精神的内涵。创业精神通常被人们称之为企业家精神，它是创业者在市场竞争中不断开拓进取，创造新价值的精神概述。德鲁克的研究中认为创业精神应该是社会所必需的一种创新精神，并且认为正是因为拥有了这种创新精神才会推动社会的发展。

创业精神是一个创新的过程，在这个过程中，新产品或新服务的机会被确认、被创造，最后被开发来产生新的财富创造的能力。也就是说，创业精神的本质乃在于创新，在于为消费者创造出新的满足、新的价值。

创业精神是创业者在创业过程中的重要行为特征的高度凝练，主要表现以下几方面：

（1）创新精神。德鲁克认为，企业家精神中最重要的就是创新。他认为，创业者不仅仅单纯指在经济活动中从事创新活动的人，无论他是做什么的，无论他是工人、农民、政府高官或者仅仅是学生，只要他在创新，那么我们都可以称之为"创业者"。这种对于创业者的理解虽然有些夸大，但是这正是德鲁克强调的意义创新。

（2）冒险精神。在创新的过程中，不可避免地要遇到挑战和承担风险，所以创新精神的内涵中必然包括了承担风险和挑战不确定性的冒险精神。这一点不仅奈特在研究中强调了创业者的这一特征，另外熊彼特、卡森等学者都对创业者的创新精神中的冒险特征给予了认可。

（3）合作精神。单枪匹马可以成就一番事业，但是团结任何有利于成功的力量，成功的概率当然也会更大。在创业精神中，个人英雄主义并不能占到主导地位，反而团队意识、合作精神是其价值核心。这也就是米尼斯所认为的个人在创业活动中经常要通过某一团队的资源去实现价值创造的过程。而在这种团队合作的过程中，其实也是符合人们所说的创业者通过组合不同的要素形成一个新的生产关系，从而达到价值创造的过程。将不同的人组合到一起，开发其各自的优势资源从而达到利益最大化的合作过程也就是创业精神的一个重要体现。

（4）社会责任。伟大的创业者不只是完全为了实现个人的财富梦想而创业的，而是为了帮助普通人实现自己的梦想的责任而努力的人，创业精神中也包括创业者必须承担社会责任并且拥有一种甘于奉献的精神。一个人创业所做的事业，应该把实现社会价值和赚取阳光财富结合起来，成功的创业者应该是一个有社会责任感的人。

随着"80后""90后"创业人士的不断涌现，年轻一代对创业最重要的变化就是他们对精神层面的追求更为纯粹，社会责任成为他们构建新的商业模式时主动考虑的重要组成部分。未来，中国最好的企业家都会以"社会企业家"的形态出现。

2. 创业精神的作用。创业精神有利于创业者或创新者们开创事业。对于创业者而言，创业精神是创业的动力源泉，也是创业的精神支柱，创业道路不可能一帆风顺，创业者凭借创业精神在创业活动中努力成就和开创事业。对于创新者而言，凭借创业精神不断开创各项工作和事业，必将会促进他们的职业发展。①

创业精神作为一种积极的思想观念和精神力量，能够激发人们创业的欲望，是一种内在的动力机制，对个人、组织乃至整个社会的发展起着积极的推动作用。

（1）创业精神是实现个人人生价值的激励源。自我实现是人生追求的最高境界。创业精神是创业者进行创业活动的灵魂和支

---

① 钟玉泉，彭健伯. 大学生创业精神和创业能力培养研究［J］. 科技进步与对策，2009（8）.

柱，是实现梦想、追求幸福明天的精神信念。创业精神能帮助创业者挖掘自身潜力，能激励创业者的创业要求与动机，促进创业者的创业意识和观念，从而使创业者从事自己愿意做的事，才会有创业的成果和收获。

创业过程尽管艰辛却也乐在其中。创业精神的培养过程就是要最大限度地激发创业者的积极性、主动性、能动性和创造性，培养形成独立自主的、富有批判精神的思想意识，敏锐的判断能力，勇于进取的态度，并根据自身的兴趣、特长和优势，自主地选择创业目标和人生理想。它在很大程度上决定着一个人是否敢于投身创业实践活动，支配着人们对创业实践的态度和行为，并影响着态度和行为的方向及强度。

具有创业精神的人，在创业过程中，当自己的想法逐步付诸实践、创建的公司逐渐成长、财富不断积累、业绩得到社会认可时，成就感、满足感和自豪感就会油然而生，自身潜能得到充分发挥，人生价值得以在创业中实现。同时，当创业者的财富积累到一定程度后，就会有更高层次自我实现的欲望，不断激励自己与时俱进，并用自己的财富来帮助他人、造福社会，个人的创业才能会发挥得淋漓尽致，事业会更加成功。

（2）创业精神是促进企业持续发展的内驱力。新经济时代对创业者提出了更高的要求。具有创业精神的创业者能够不断地更新观念，以新的思维面对千变万化的市场，抛弃浮躁，冒险而不冒进、稳健而不保守，不断修正企业经营目标和经营战略，重视新技术和新产品的不断开发，走自主开发之路，使企业抢占新技术和新产品的制高点。

同时，在创业精神的感染和熏陶下，企业上下树立积极进取的意识，志存高远，敢为人先，激发员工强烈的责任感和使命感，会涌现一支具有创业精神的员工队伍。他们创新开拓、勇于拼搏、与时俱进、独当一面，会创造出丰硕的企业效益和社会效益。

通过创业精神的强化，企业会不断提高核心竞争力，促进企业的可持续发展，驱动企业不断地走向成功。

（3）创业精神是推动社会经济发展的原动力。创业作为经济发展的原动力，是繁荣经济的有效途径，创业精神始终贯穿人类社会发展历程，并将"人"推向了社会发展的中心。

富有创业精神的创业者采用"新组合"打破原有经营方式，代之以新的、更好的经营方式，乃至推动转型升级，改变了经济增长方式，调整了产业结构，创造了新的高新技术产业，有利于加快转变经济发展方式，促进经济持续健康发展；富有创业精神的创业者，通过成功创办微型企业，扩大就业机会，创造更多的新职位，从而带动社会的就业，加速技术创新与科研成果的转化，实现经济发展与扩大就业的良性互动；创业精神所形成的创新行为可以改变资源产出，是创造财富的源泉，能够增加收入和减少贫困，有利于全体人民在更大程度上分享发展成果，共同拥有更多、更公平的发展机会，实现共同富裕，推动经济社会又好又快发展，有利于推进社会主义和谐社会的建设。正是基于此，各国政府对创业的支持已经成为一项极为重要的国家发展战略。

创业精神可以体现在创立个人事业、家庭或企业，服务于国家和社会的大业中。一个具有创业精神的人，不管他在社会生活中从事什么样的工作，担任什么样的职务，都会有更高的积极性、更富于创造性。创业精神将在新时期发挥更大的作用。

【知识链接】

硅谷精神

著名经济记者 John Micdlethwait 和 Adrian Wooldridge 归纳出 10 条"硅谷精神"。

1. 能者在上的公司信仰。年龄和经验没有用，肤色和背景无所谓。

2. 对失败的极度宽容。在欧洲，破产被看成羞耻；在一些国家，破产者不能再开公司。而在硅谷，It is OK to fail（失败又何妨）。

3. 对"背叛"的宽容。员工的流动不受谴责，是一种完全正常的行为。

4. 合作。即使昨天是你死我活的对头，明天也有合作的机会。

5. 嗜好冒险。不仅在创业上如此，生活中也寻求蹦极、高空跳伞等刺激，以激活自己。

6. 赚钱之后，不做"守财奴"，再投资到创业环境中去。

7. 热衷改变。敢于自我革新，自我淘汰掉某日的辉煌和模式。

8. 对产品而不是金钱的痴迷。硅谷人以宗教的虔诚心态追求技术，希望能够以技术推动世界进步。

9. 机会的慷慨分布。谁都不用嫉妒谁，每个人都有自己的机会。

10. 分享财富的强烈倾向。从认股权到免费午餐、晚餐，为家属办幼儿园，提供优厚的退休金，至少在公司内部，财富被分享而不是独食。

如果还要加一条的话，那应该是勤奋工作。在硅谷几乎每个人都没有固定的上下班时间，一天工作十二三个小时是家常便饭，十五六个小时也不鲜见。在和时间赛跑的过程中，睡眠是所有创业者的奢侈品。

资料来源：秦朔. 硅谷的空气里飘着什么 [J]. 中国西部，2002（3）.

小　结

全球新一轮科技革命和产业变革蓄势待发，我国经济进入速度变化、结构转型和动力转换的关键时期。面对新的形势，我们必须深入推进大众创业、万众创新，大众创业、万众创新蔚然成风的社会环境和文化氛围，让每一个充满梦想并愿意为之努力的人获得成功，实现经济平稳持续增长、国家强盛、人民富裕和社会公平正义。

问题三 如何完善自我为创业准备

【导入案例】   "牛仔裤"是这样诞生的

100多年前，美国加利福尼亚州发现了金矿，由此掀起了西部淘金热，成群结队的人从东部地区涌到西部淘金。李维·史特劳斯（Levi Strauss）也加入到这个人群，但他不是去淘金，而是看好了这个庞大的消费群，寻求赚淘金人的钱，经营干货生意。到了旧金山，他发现，金矿在沙漠附近，气候很干旱，人们每天需要去很远的地方取水。于是，李维开始卖起水来。果然，卖水生意如李维预想的那样好。但好景不长，很快卖水的多了起来，并开始为摊位起争执，李维被迫退出了卖水行业。

李维没有因此绝望地离开矿区，他相信如此大的市场，总会有很多新的需求存在。于是李维又开始推销从纽约运来的帆布，做起了帐篷和车棚的生意，但少有人问津。后来，有矿工抱怨他卖得裤子不耐穿，才下了几次井，就破了。李维很快意识到，为什么不拿帐篷的帆布做成裤子呢？虽然当时还没有人做过，但李维决定按照矿工们的要求去设计，用经过漂洗的帆布把裤子做成紧身、裤裆短平、有利于下井的样式。这就是后来的牛仔裤。牛仔裤在矿场上受到很大欢迎，以后更是风靡整个世界，并成为美国的象征之一。李维被誉为"牛仔裤大王"。

资料来源：杨安. 创业管理——大学生创新创业基础［M］. 北京：清华大学出版社，2011.

创业的道路是复杂的，会面对许多挫折失败，会经历许多酸甜苦辣。因此，在创业这条艰辛的路上需要耐心和信心。也许是因为一个偶然的机会，也许是经过了一番痛苦的抉择，最终才决定了选择创业，通过创业来实现年轻的理想。创业需要过程，需要脚踏实地，需要饱经磨砺，这个过程是漫长的，每一步都可能遇到挫折，不能寄希望于侥幸，而是要用独特的创新和理念来稳健持久地发展自己的道路。如今，我们进入了一个信息高速发展的时代，早已不是那个"酒香不怕巷子深"的年代，也不是下海就能捞金的时代，当代的商海可谓群雄争霸，竞争异常激烈。在众多的经营者中，想要脱颖而出，发展得更强，就要有一种"初生牛犊不怕虎"的胆量，用自己所学的知识和积累的能力，努力去闯下一片属于自己的天地。知识和能力就像一对羽翼，有了充实而坚强的翅膀，才能够一飞冲天。

一、创业者的心理准备

在创业开始之前，我们需要评估自己的优势和劣势，看看自己是否基本具备创业的素质和能力。

（一）创业者应具备良好的心理素质

创业心理素质，是指在环境和教育的影响下形成和发展起来的，在创业社会实践活动中全面、稳固地表现出来并发挥作用的身心组织要素、结构及其质量水平；是对人的心理和行为起调节作用的个性意识特征。它既可以指人的素质中有待开发的创业心理素质潜能，又指已经内化形成的人的创业心理素质；既可以指个体创业心理素质，也可以指群体创业心理素质。良好的创业心理品质如同创业大厦的基石，可以奠定事业的基础，支撑创业人生。因此，作为创业者，自我意识应该自信、自主；情感应该理性、执着；性格应该坚韧、果断；对环境应该快速、灵活地适应。

创业者需要具备的心理素质如图 3 - 1 所示。

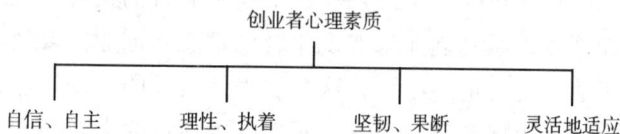

创业者心理素质

自信、自主　　　理性、执着　　　坚韧、果断　　　灵活地适应

图 3 - 1　创业者需要具备的心理素质

1. 自信、自主。自信就是对自己充满信心，相信自己。自信心能赋予人积极的人生态度和进取精神，与金钱、势力、出身、亲友相比，自信是更有力量的东西，是人们从事任何事业最可靠的资本。不依赖、不怀疑、不等待。信念是生命的力量，是成功之本，是创业之源。要相信自己有能力、有条件去开创自己未来的事业，相信自己能够主宰自己的命运，成为创业的成功者。自主是一种积极有益的心理品质，是心智成熟的外在表现。它可以使人善于排除各种干扰，高度克制盲目冲动，积极有效地控制和调节消极情绪，采取理智行动。创业活动是一定社会组织结构中的个体活动与劳动竞争。因此，当个体利益与社会利益发生激烈冲突时，创业者要能抵制个人欲望的过度膨胀，自觉维护社会公德，自觉遵守职业操守，自觉接受法律约束，做到合法经营，文明创业。①

---

① 吴承汕. 要争取到创业投资创业者须做好四项心理准备 [J]. 功能材料信息，2006（4）.

2. 理性、执着。理性是指人在正常思维状态下，遇事不慌且能够全面了解、总结、分析后恰当地选用多种方案（这些方案可以是预备的或是临时的）中的一种方案去操作或处理，达到事件需要的效果。理性是基于正常的思维结果的行为；执着指对某种事物追求不舍。创业活动需要理性的执着。

3. 坚韧、果断。创业者必须具有强大的心理承受能力和坚韧不拔的意志，能承受失败的挫折，特别是要有超越自我的精神素质。创业要经历不断的犯错和失败中跌打滚爬的过程，坚韧是一种对困难和挫折的巨大心理承受力，是创业者必须具备的极为可贵的心理品质。创业者的坚韧品质包括自我调节和处理各种压力的素质，成功的创业者们总是能够用积极乐观的态度看待来自工作和生活各方面的压力，冷静分析，找出原因并控制和缓解压力，将不利变有利，将被动变主动，将压力变动力。当然，坚韧性必须与成功的可能性结合在一起，否则就是盲目、呆板和固执。果断的意思就是具有独立的人格，具有独立性思维能力，不受传统和世俗偏见的束缚，不受舆论和环境的影响，能自己选择自己的道路，善于设计和规划自己的未来，并积极采取相应行动。赔赚成败乃创业常事，在经营过程中，创业者必须具有承受失败和挫折的素质，具有能忍受局部、暂时的损失，从而获取全局、长期收益的战略胸怀。

4. 灵活地适应。创业者还必须具备迅速适应环境变化、主动把握商机的素质，以适应多变的环境，把握机遇，积极创造机会。只有创业者具有适应变化、利用变化、驾驭变化的能力，企业才能在竞争激烈、变化多端的市场中存活。创业者还必须具备主动把握机遇、积极创造机会的能动性。创业者既是市场需求变化冲击的承受者，又是市场经济的直接推动者。只有以极强的信息意识和对市场走向的敏锐洞察力，瞅准行情，抓住机遇，以变应变，才能克敌制胜。

（二）提高心理素质的方法

提高心理素质是需要有意志力的，它需要一个过程，也需要不断的努力与锻炼。

1. 探索性尝试——要重视创业"第一桶金"的挖掘。做好创业规划，规划要分阶段，实施要分步骤，脚踏实地地实现每一个阶段目标。起步阶段要重视创业"第一桶金"的挖掘，做探索性的尝试，不能好高骛远。"第一桶金"是人生最宝贵的经验，因为第一次尝试能够更深入地了解自己。因此，以"尝试"为主的起步阶段一定要适度规模，量力而行，这一阶段成功的表现不是赚大钱，而是不赔钱或少赔钱，抑或是花钱买教训，获得经验。市场经营的素养是依靠经验来获得的。

2. 掌握自己的情绪。情绪是一个人心理活动最直接也是最真实的外在反映。一个人在面对困境、面对挫折的时候，通常会表现出紧张、焦虑、烦躁、失落和抑郁等消极情绪。试想，一个人在这样的情绪下能做好什么事情呢？再有能力的人又能发挥出多高的水平来呢？因此把握自己的情绪是有效克服和提高心理素质的关键。

3. 提高受挫力——要承受冲动的后果。适当的挫折不但有助于更好地认识自我，也能很好地培养心理素质。人是感知耗损型的动物，随着次数的增加和时间的推移，人对同一事物的感觉会由激烈逐渐趋于平缓，感觉敏感度形成一个下滑的趋势。

4. 客观地评价自我。自我认识是自己对自己身心特征的认识，自我评价是在这个基础上对自己做出的某种判断。正确的自我评价和认识对个人的心理生活及行为表现有较大影响。如果个体对自身的估计与社会上其他人对自己客观评价距离过于悬殊，就会使个体与周围人们之间的关系失去平衡，产生矛盾，长此以往会形成稳定的心理特征——自满或自卑，不利于个人心理的健康成长。

可通过认真思考和回答以下问题，来初步判断自己是否有创业的基本素质和能力：

（1）自己的创业动机是什么？能长时间保持创业激情吗？运营企业挑战意志、劳心费神，创业者的创业热情是支持在创业道路遇到困难时勇敢走下去的原动力。因此，创业者必须清楚自己选择挑战困难的原因。

（2）自身的家庭是否支持自己创业吗？来自家庭的支持通常包括资金的支持、情感的支持两个方面，这些都是创业者在创业路上的重要影响因素，因为这些支持往往会在关键时刻成为坚定和强化自己的创业信念、集中精力面对困难和压力、解决复杂问题的重要力量。

（3）自己的身体和精神状态适合创业吗？创业过程不仅充满挑战，还意味着长期而艰苦的工作。创业者需要努力、自觉地工作，这意味着自己将失去很多休闲时间。健康的体魄是承受创业高强度体力和精神压力的前提，自己的生理、心理健康状况是否允许自己从事这样的工作？

（4）自己适合创业吗？作为创业者，要常常面对寻找市场、拓展业务、管理财务和员工等各种问题，需要理性分析、科学决策，解决困难、承受压力。自己的策划和组织能力如何？自己的团队组建和管理能力如何？自己的决策和综合管理能力如何？自己所积累的知识、能力以及经验如何？这些都需要创业者对自己有一个客观地评估。

（5）自己是否已经准备好承受创业的风险？创业始终伴随着各种风险。在确定了创业目标后，创业者接下来要问的问题是：

创业的风险有哪些？自己的风险规避能力如何？创业最坏的结果是什么？自己能否承受失败？

心理素质体现的方面不一定一样，有些方面是强项，有些方面可能是弱项。心理素质中的性格特征和所掌握的知识能力的特点，可以决定创业者适合哪种类型的创业。可以通过建立评价的指标体系和适当的评价方法来客观地自我评价和认识，完成自我定位，判断自己是否适合独立创业。如果不适合做 CEO，也可以作为创业者参与者参与到创业活动中。

二、创业者的知识准备

一个创业者在具备了强烈的创业意识和较高的创业素质时，还应该有丰富的创业知识的积累。创业知识是与创业密切相关的知识，致力于创业的你应该有意识地去获取和学习，只有充分准备创业知识，才能在创业的路途上得心应手。创业知识包括与创业相关的法律知识、管理知识、经营知识以及与创业相关的专业知识等。

（一）创业相关商业知识

创业在某种程度上也是一种商业活动，所以创业过程中对相关商业知识的储备必不可少。

1. 合法的开业知识。例如，有关私营及合伙企业、有限公司的法律、法规，怎样进行验资，怎样申请开业登记，哪些行业不允许私营，哪些行业的经营需办理有关行业管理手续，怎样办理税务登记，纳税申报有哪些规定和程序，如何领购和使用发票，银行开户程序和有关结算规定，成为一般纳税人有哪些条件，如何纳税，怎样获得税收减征免征待遇，怎样进行账务票证管理，国家对偷、漏税等违法行为有哪些制裁措施，增值税税率及计征方法，工商管理部门怎样进行经济检查，行业管理部门如何进行行业管理和检查等。

2. 营销知识。例如，市场预测与调查，消费心理、特点和特征，定价策略，产品促销策略，销售渠道和方式，营销管理等。

3. 资金及财务知识。例如，货币金融知识，信用及资金筹措知识，资金核算及记账知识，证券、信托及投资知识，财务会计基本知识，外汇知识等。

（二）创业政策、法规知识

创业活动总是处在宏观社会背景之下的，政府对于创业的态度、政策及法律直接影响创业者的创业环境。当前，为鼓励平民创业，政府出台了一系列优惠政策及相关的法律、法规，为大众创造了一个良好的创业环境。在注册登记、金融贷款、税费减免、员工待遇等方面都为大众创业提供了方便。此外，《中华人民共和国公司法》《中华人民共和国合伙企业法》《中华人民共和国个人独资企业法》等相关法律的出台也为创业提供了法律保障。在创业准备期，一定要熟悉相关政策、法律的内容，为我所用，从而为自己的创业提供方便。

创业者在了解相关政策知识时应注意以下几点：

1. 理性看待创业政策、法规。创业政策、法规是个人创业的助推剂，也是约束，但不是个人创业的"万能药"，任何人都不能仅依靠政策来创业，也不是为了享受政策而创业，更不能因为法规的约束而不创业。这是用好创业政策、法规必须树立的理念。

2. 选择合适政策。对症下药，选择适合的政策。每个人的创业方向、创业特点各不相同，每项创业政策的适用范围和对象也不同，个人在用创业政策时，要选择适合自己的政策，即要适合自身的创业条件，要适合自身的创业行业，要适合自身的创业类型，要适合自身的创业过程。

3. 发挥政策、法规的实际效用。在选择了适合自身的创业政策后，要切实发挥好政策的实际效应，使政策的运用能真正降低经营成本，运用好创业相关法规，改善经营状况，提升经营能力，对实现企业的发展壮大有实际作用，能促使企业走上长期发展的道路。

（三）社会知识及其他知识

创业也是一种社会性的活动，与整个社会有着千丝万缕的关系。创业者同时也是社会人，需要在社会上同各种人交往，获取资源，求得发展。对创业者而言，无论是融资、销售，还是宣传、合作，都离不开整个社会，甚至在很多时候，创业者自身拥有的社会资源和人际关系会对创业活动产生关键性的影响，所以创业者还应具备公共关系、人际交往等社会知识。所谓"世事洞明皆学问，人情练达即文章"。一个深谙世事的创业者在社会中可能如鱼得水、游刃有余；而一个不食人间烟火的创业者在复杂的社会中注定要遭遇人际壁垒，铩羽而归。

【知识链接】

创业能力测试

（一）测评说明

1. 当你想要拥有一个自己的公司的时候，有必要先进行这个测试，它可以帮你判断是否适合创业，有无创业潜力。当然，这个测试结果，也是仅供参考，因为决定一个人创业能否成功要受到诸多因素的制约。

2. 在选择时，一定要根据自己的第一印象作答，不要做过多的思考。在选项处，请勾选出符合自己特征的答案。

（二）测评题目

创业能力测评表

序号	题　目	选项
1	你是否曾经为了某个理想而设下两年以上的长期计划，并且按计划进行直到完成？	是否
2	在学校和家庭生活中，你是否在没有师长和亲友的督促下，就自动完成分派的任务？	是否
3	你是否喜欢独自完成工作，并做得很好？	是否
4	当你与朋友在一起时，你的朋友是否常寻求你的指导和建议？你是否曾被推举为领导者？	是否
5	在你以往的经历里，有没有赚钱的经验？你喜欢储蓄吗？	是否
6	你是否能够专注地做自己感兴趣的事连续10小时以上？	是否
7	你是否习惯保存重要资料，并且井井有条地整理，以备需要时可以随意提取查阅？	是否
8	在平时生活中，你是否热衷于社会服务工作？你关心别人的需要吗？	是否
9	你是否喜欢音乐、艺术、体育以及其他各种活动？	是否
10	在此之前，你是否带动其他人员，完成过一项由你领导的大型活动或任务？	是否
11	你喜欢在竞争中生存吗？	是否
12	当你在别人管理下工作时，发现其管理方法不当，你是否会想出适当的管理方式并建议改进？	是否
13	当你需要别人的帮助时，是否能充满自信地提出要求，并且能说服别人来帮助你？	是否
14	在你筹款或者义卖时，是不是充满自信而不害羞？	是否
15	当你要完成一项重要工作时，是否总是给自己留出足够的时间仔细完成，而决不让时间虚度，在匆忙中草率完成？	是否
16	参加重要聚会时，你是否会准时赴约？	是否
17	你是否有能力安排一个恰当的环境，使你在工作中能不受干扰，有效地专心工作？	是否

序号	题　目	选项
18	你交往的朋友中，是否有许多有成就、有智慧、有眼光、有远见、老成稳重型的人？	是否
19	你在学习或团体中，被认为是受欢迎的人吗？	是否
20	你自认是理财高手吗？	是否
21	你是否可以为了赚钱而牺牲自己的娱乐？	是否
22	你是否总是独自挑起责任的担子，彻底了解工作目标并认真地执行工作？	是否
23	在工作中，你是否有足够的信心和耐力？	是否
24	你能否在很短的时间内，结交许多新朋友？	是否

（三）测评计分

答"是"得 1 分；答"否"不得分。现在请统计所得分数。

（四）测评结果分析

0～5 分：目前不适合自己创业，应当训练自己为别人工作，并学习技术和专业。

6～10 分：需要在旁人指导下创业，才有创业成功的机会。

11～15 分：非常适合自己创业，但是在"否"的答案中，必须分析出自己的问题加以纠正。

16～20 分：个性中的特质，足以使你从小事业慢慢开始，并从妥善处理中获得经验，成为成功的创业者。

21～24 分：有无限的潜能，只要懂得掌握时机和运气，将是未来商业巨子。

资料来源：郎洪文. 创业管理［M］. 北京：科学出版社，2015（1）.

三、创业者的团队准备

当今世界科技迅猛发展，信息爆炸式增长。创业所要求的知识和能力涵盖经济、管理、技术、营销、财务等多个方面，单个创业者凭一己之力难以达到。新东方教育科技集团总裁俞敏洪曾说过，一个人可以走得很快，但一群人可以走得更远！每一个创业英雄的背后，一定有着创业团队的支撑。Google、Facebook、Apple 这些享誉世界的创业公司，无不经历过创业团队的组建、成长与更新。为了成功地创办一个企业并使其健康成长，组建一支创业团队至关重要。

（一）创业团队的内涵

创业团队是指在创业初期，由两个或两个以上的技能互补、贡献互补的创业者组成的特殊群体，该群体在一个共同认同的、能使彼此担负责任的程序规范下，为达成高品质的创业结果而共同努力，相互协作，共同担当。一般而言，创业团队需具备以下五个重要的组成要素：

1. 目标。明确的目标是创业团队成立的基础。创业团队必须有一个相对明确的目标，为团队成员指明前进和奋斗的方向。目标在新企业的管理中常以新企业的愿景、战略等形式体现。

2. 人。人是构成创业团队最核心的要素。三个及三个以上的人就能形成一个群体，当群体有共同奋斗的目标就形成了团队。创业团队在成员构成上通常体现为三个"共同"和三个"互补"，即创业理念和目标相同、价值观相同、金钱观相同；性格互补、能力互补和资源互补。

3. 定位。创业团队的定位包含两层意思：一是创业团队的定位，包括创业团队在新企业中处于什么位置，创业团队最终应对谁负责等；二是创业团队成员的定位，包括个人作为成员在创业团队中扮演什么角色等。

4. 权限。创业团队当中主导人物的权限大小，与其团队的发展阶段和创业实体所处行业相关。一般来说，创业团队越成熟，领导者所拥有的权限相应越小，在创业团队发展的初期阶段领导权相对比较集中。高科技实体多数是实行民主的管理方式。

5. 计划。计划有两层含义：一是创业目标最终的实现，需要一系列具体的创业行动方案，可以把计划理解成达到创业目标的具体工作程序。二是按计划进行可以保证创业团队工作的顺利进行。只有按计划进行操作，创业团队才会一步一步地贴近创业目标，从而最终实现目标。

（二）创业团队的类型

创业团队从不同的角度、层次和结构可划分为不同的类型，而根据创业团队的组成者来划分，创业团队可分为伙伴型创业团队、领袖型创业团队和核心型创业团队。

1. 伙伴型创业团队。创业团队成员主要来自因为经验、友谊和共同兴趣而结缘的伙伴，一般在创业之前都有密切的关系，比如同学、亲友、同事、朋友等。一般都是在交往过程中，共同认可某一创业想法，并就创业达成了共识之后，开始共同进行创业。在创业团队组成时，没有明确的核心人物，大家根据各自的特点进行自发的组织角色定位。因此，在企业初创时期，各位成员基本上扮演的是协作者或者伙伴角色。这种创业团队的优势在于：

（1）团队没有明显的核心，整体结构较为松散。

（2）组织决策时，一般采取集体决策的方式，通过大量的沟通和讨论达成一致意见。

（3）由于团队成员在团队中的地位相似，因此容易在组织中形成多头领导的局面。

（4）当团队成员之间发生冲突时，一般采取平等协商、积极解决的态度消除冲突，团队成员不会轻易离开。但是一旦团队成员间的冲突升级，使某些成员撤出团队时，就容易导致整个团队的涣散。

2. 领袖型创业团队。创业团队中有一个核心人物充当"领队"角色。这种团队在形成之前，一般是核心人物先有了创业的想法，然后根据自己的设想进行创业团队的组织。[①] 因此，在团队形成之前，核心人物已经就团队组成进行过仔细思考，根据自己的想法选择相应人员加入团队，这些加入创业团队的成员也许是以前熟悉的人，也有可能是不熟悉的人，但这些团队成员在企业中更多时候是支持者角色。这种创业团队的优劣势在于：

（1）组织结构紧密，向心力强，主导人物在组织中的行为对其他个体影响巨大。

（2）决策程序相对简单，组织效率较高。

（3）容易形成权力过分集中的局面，从而使决策失误的风险加大。

（4）当其他团队成员和主导人物发生冲突时，因为核心主导人物的特殊权威，使其他团队成员在冲突发生时往往处于被动地位，在冲突较严重时，一般都会选择离开团队，因而对组织的影响较大。

3. 核心型创业团队。这种创业团队由群体伙伴型创业团队演化而来，基本上是前两种创业团队的中间形态。在团队中，有一

---

① 谭新政，褚俊．企业品牌评价与企业文化建设研究报告［J］．商品与质量，2012（7）．

个核心成员，但该核心人物从某种意义上说是整个团队的代言人，因此核心人物从某种意义上说是整个团队的代言人，而不是主导型人物，其在团队中的行为必须充分考虑其他团队成员的意见，往往不如领袖型创业团队中核心主导人物那样有权威。这种团队的优劣势在于：

（1）核心成员地位的确立是团队成员协商的结果，因此，该核心成员具有一定的威信，能够作为整个团队的主导。

（2）团队的领导是在创业过程中形成的，既不像领袖型创业团队那样集权，又不像伙伴型创业团队那样分散。

（3）核心成员的行为必须充分考虑团队其他成员的意见，不像领袖型创业团队中的核心主导人物那样有权威。

【知识链接】

李嘉诚谈创业者素质

勤奋是一切事业的基础。要勤奋工作，对企业负责，对股东负责。

对自己要节俭，对他人则要慷慨。处理一切事情以他人利益为出发点。

始终保持创新意识，用自己的眼光注视世界，而不随波逐流。

坚守诺言，建立良好的信誉。良好的信誉，是走向成功的不可缺少的前提条件。

决策任何一件事情的时候，应开阔胸襟，统筹全局，但一旦决策之后，则要义无反顾，始终贯彻一个决定。

要信赖下属，公司所有行政人员，每个人都有其消息来源及市场资料。决定任何一件大事，应召集有关人员一起研究，汇合各人的资讯，从而集思广益，尽量减少出错的机会。

给下属树立高效率的榜样，集中讨论具体事情之前，应提早几天通知有关人员准备资料，以便对答时精简确当，从而提高工作效率。

政策的实施要沉稳持重。在企业内部打下一个良好的基础，注重培养企业管理人员的应变能力。决定一件事情之前，应想好一切应变办法，而不去冒险前进。

要了解下属的愿望。除了生活，应给予员工好的前途；一切以员工利益为重，特别对于年老的员工，公司应给予绝对的保障，从而使员工对集团有归属感，增强企业的凝聚力。

资料来源：张静. 大学生创业实战指导［M］. 北京：对外经济贸易大学出版社，2012.

（三）创业团队的作用

创业团队对企业的成功有着重要的影响。一项针对美国在 20 世纪 60 年代创办的 104 家高科技企业的研究报告指出，在年销售额达到 500 万美元以上的高成长企业中，有 83.3% 是由创业团队建立的。团队成员之间的互补、协调以及团结合作精神，对于新企业的成功创办及其健康成长，发挥着至关重要的作用。[①]

1. 优势互补。优势互补是指通过组建创业团队来发挥各个创业者的优势，弥补彼此的不足，从而达到知识、能力、性格、人际关系资源等方面的平衡，从而创建成一支优秀的创业团队。

2. 工作分担。创业是一个系统工程，有大量的工作需要完成，分担工作成为团队协作的一个基本功能。一辆汽车如果想要前进，必须有轮子、发动机、传送带等不同功能的部件互相协作。公司运营涉及人力资源、财务、行政、产品控制、市场推广等不同的角色，需要多岗位协同工作，共同参与、共同推进、相互配合，

---

① 王旭. 科技型企业创生机理研究［D］. 长春：吉林大学，2004.

借助团队的力量来完成工作。

3. 科学决策。团队决策可以保证最小的决策偏差，换句话说就是最大程度地保证决策的正确性。大型企业为什么决策失败的概率较小，一个很重要的原因就是科学的决策流程。① 重大事项的决策流程，是需要先提出一个初步可行的方案，再经过头脑风暴、集体讨论进而确定决策结果。

4. 资源整合。一个人所能协调的资源是有限的，而通过拥有不同资源的人组成团队可以更好地解决创业过程中遇到的困难。在组建创业团队时，除了要考虑资金，还需要考虑市场资源、客户资源、公共关系、行业经验、渠道等隐性的资源，通过组建创业团队可以实现资源互补。

【知识链接】

马化腾五兄弟：难得的创业团队

从当年 5 条电话线和 8 台计算机所组成的局域网，到今天为 4 亿注册用户提供基于 QQ 的各种通信服务、全球市值名列第三位的创新型互联网企业；从当初只是 5 个人的创业团队、5 万元创业起步，到 2004 年 6 月上市后的 8.98 亿港元身价；从 14 年前 10 多平方米的一间办公室，到今天高度 190 多米建筑面积 8.8 万平方米的腾讯大厦。腾讯公司 2010 年实现收入 196.46 亿元，同比增长 57.9%；实现净利润 80.54 亿元，同比增长 56.2%。

腾讯创造出如此奇迹，靠的是团队。

1998 年的秋天，马化腾与他的同学张志东"合资"注册了深圳腾讯计算机系统有限公司。之后又吸纳了三位股东：曾李青、许晨晔、陈一丹。这 5 个创始人的 QQ 号，据说是从 10001 到

---

① 王重鸣，严进. 团队问题解决的知识结构转换研究 [J]. 心理科学，2001 (1).

10005。为避免彼此争夺权力，马化腾在创立腾讯之初就和四个伙伴约定清楚：各展所长、各管一摊。马化腾是 CEO（首席执行官），张志东是 CTO（首席技术官），曾李青是 COO（首席运营官），许晨晖是 CIO（首席信息官），陈一丹是 CAO（首席行政官）。

之所以将创业 5 兄弟称之为"难得"，是因为直到 2005 年的时候，这五人的创始团队还基本是保持这样的合作阵形，不离不弃。直到腾讯做到如今的帝国局面，其中 4 个还在公司一线，只有 COO 曾李青挂着终身顾问的虚职而退休。

在企业迅速壮大的过程中，要保持创始人团队的稳定合作尤其不容易。在这个背后，工程师出身的马化腾从一开始对于团队合作的理性设计功不可没。

从股份构成上来看，5 个人一共凑了 50 万元，其中马化腾出资 23.75 万元，占 47.5% 的股份；张志东出资 10 万元，占 20% 的股份；曾李青出资 6.25 万元，占 12.5% 的股份；其他两人各出 5 万元，各占 10% 的股份。

虽然主要资金都由马化腾所出，他却自愿把所占的股份降到一半以下，即 47.5%。"要他们的总和比我多一点点，不要形成一种垄断、独裁的局面。"而同时，他自己又一定要出主要的资金，占大股。"如果没有一个主心骨，股份大家平分，到时候也肯定会出问题，同样完蛋。"

保持稳定的另一个关键因素，就在于搭档之间的"合理组合"。

据《中国互联网史》作者林军回忆说，"马化腾非常聪明，但又非常固执，注重用户体验，愿意从普通用户的角度去看产品。张志东是脑袋非常活跃，对技术很沉迷的一个人。马化腾技术上也非常好，但是他的长处是能够把很多事情简单化，而张志东更多是把一个事情做得完美化。"

许晨晔和马化腾、张志东同为深圳大学计算机系的同学，他是一个非常随和而有自己的观点，但不轻易表达的人，是有名的"好好先生"。而陈一丹是马化腾在深圳中学时的同学，后来也就读深圳大学，他十分严谨，同时又是一个非常张扬的人，他能在不同状态下激起大家的激情。

如果说其他几位合作者都只是"搭档级人物"的话，只有曾李青是腾讯5个创始人中最好玩、最开放、最具激情和感召力的一个人，与温和的马化腾、爱好技术的张志东相比，是另一个类型。其大开大合的性格，也比马化腾更具备攻击性，更像拿主意的人。不过也许正是这一点，也导致他最早脱离了团队，单独创业。

后来，马化腾在接受多家媒体的联合采访时承认，他最开始也考虑过和张志东、曾李青三个人均分股份的方法，但最后还是采取了5人创业团队，根据分工占据不同的股份结构策略。即便是后来有人想加钱、占更大的股份，马化腾仍然说不行，"根据我对你能力的判断，你不适合拿更多的股份"。因为在马化腾看来，未来的潜力要和应有的股份匹配，不匹配就要出问题。如果拿大股的不干事，干事的股份又少，矛盾就会发生。

当然，经过几次稀释，最后他们上市所持有的股份比例只有当初的1/3，但即便是这样，他们每个人的身价都还是达到了数十亿元人民币，是一个皆大欢喜的结局。

可以说，在中国的民营企业中，能够像马化腾这样，既包容又拉拢，选择性格不同、各有特长的人组成一个创业团队，并在成功开拓局面后还能依旧保持着长期默契合作，是很少见的。而马化腾成功之处，就在于其从一开始就很好地设计了创业团队的责、权、利。能力越大，责任越大，权力越大，收益也就越大。

资料来源：李时椿，常建坤.创业基础［M］.北京：清华大学出版社，2013.

小　　结

　　"给我一个支点，我可以撬动整个地球。"创业的支点就是知识。创业知识是进行创业的基本要素，也是创业者素质的基础。在创业过程中，人是第一要素，发挥着核心作用。创业的过程艰辛又漫长，不仅要求创业者拥有强烈的好奇心和冒险精神，更重要的是要具备创业所需要的基本知识、素质和能力。

　　创业所要求的知识和能力涵盖经济、管理、技术、营销、财务等多个方面，单个创业者凭一己之力难以达到。新东方总裁俞敏洪曾说过，一个人可以走得很快，但一群人可以走得更远！每一个创业英雄的背后，一定有着创业团队的支撑。

问题四 创业者需要哪些创业 资源的准备

【导入案例】 创业需要很多资源吗？

如果有很多资源，人们还有创业动力或者还需要创业吗？如果这样看，创业不应该需要很多资源。但是大家会提出另外的问题，是不是创业不需要资源？显然，这也是非常不正确的，因为没有资源，就没有创业的基础。这样，答案就比较清楚了。创业需要资源，但不是需要很多资源，而是需要必要的资源。

1992年，香港一位叫周凯旋的女士看中了北京王府井对面的儿童影院，想开发成为北京的标志性建筑。当时的北京建筑多少年都没怎么变化，主要是因为没有钱，这时来了一个港商，想做这种地产开发，北京市东城区政府就提出，要么不要建，要建就建大一点，就决定将儿童影院到东风市场这个地段全面开发，确定为"东方广场"，总投资额为100亿元。

周凯旋女士将此事向她的老板董建华作了报告，董先生当然支持，只是没有那么多资金，就建议她去找李嘉诚，让李先生出面牵头来建设，而她则只拿前期的佣金。因为这个项目，周女士在三年后成功拿到了4亿港币，她将这些钱做成了"周凯旋基金"，用于教育和卫生。周女士利用这个基金的一部分投资了盈科，结果盈科快速上市并迅速翻倍，又再拿出一部分投资了长江商学院，几年后她成为香港最富裕的女士。

如果以这个东方广场为创业项目，那么100亿港币就是最低的资源量，如果从周女士的创业角度来衡量，其必要的资源量为零。但是，周女士在资金量不足的情况下，很好地利用外力的作用，实现了创业的成功。周女士的必要资源是什么呢？就是人脉。

资料来源：辽宁省普通高等学校创新创业教育指导委员会．创业基础［M］．北京：高等教育出版社，2013.

创业者能否成功地开发出机会，进而推动创业活动向前发展，通常取决于他们掌握和能整合到的资源，以及对资源的利用能力。许多创业者早期所能获取与利用的资源都相当匮乏，而优秀的创业者在创业过程中所体现出的卓越创业技能之一，就是创造性地整合和运用资源，尤其是那种能够创造竞争优势，并带来持续竞争优势的战略资源。与已存在的进入成熟发展期的大公司相比，创业型企业资源比较匮乏，但实际上创业者所拥有的创业精神、独特创意以及社会关系等资源，却同样具有战略性。因此，对创业者而言，一方面要借助自身的创造性，用有限的资源创造尽可能大的价值；另一方面更要设法获取和整合各类战略资源。

所谓资源是任何主体在向社会提供产品或服务的过程中，所拥有或所能支配的有助于实现自己目标的各种要素以及要素的组合。创业资源则是指新创企业在创立以及成长过程中所需要的各种要素和支撑条件。创业资源是新创企业创立和运营的必要条件，主要表现为人才、资本、物资、技术、组织和管理等。

对于创业者来说，挖掘资源、创造资源、整合资源，进而有效地利用资源，是实现成功创业的根本保障。

一、创业者的资金准备

俗话说，巧妇难为无米之炊。创业活动需要创业资金，企业的创立、存在和发展，必须以一定数量的资金来支撑，必须以一次次筹资、投资为前提。对于创业者来说，创业资金问题的解决，特别是创业启动资金的落实，是关系创业能否进行的最关键因素。没有足够的资金，企业就不能创建、开业，再高明的创意都是空中楼阁，所以资金问题是创业者需要解决的第一个棘手的问题。

（一）创业资金的分类

创业资金按照不同的标准可以进行不同的分类，对于创业资金不同种类的认识，有利于创业者在估算创业资金时充分考虑可能的资金需求。

1. 流动资金和非流动资金。按照资金的占用形态和流动性，可以分为流动资金和非流动资金。占用在原材料、在制品、库存商品等流动资产，以及用于支付工资和各种日常支出的资金，被称为流动资金；用于购买机器设备、建造房屋建筑物、购置无形资产等的资金，被称为非流动资金。

流动资金的流动性较好，极易使用和变现，一般可在一个营业周期①内收回或使用，属于短期资金的范畴，创业者在估算创业资金需求时须考虑其持续投入的特性，选择短期筹资的方式筹集相应资金；非流动资金占用的期限较长，不能在短期内回收，具有长期资金的性质，能够在1年以上的经营过程中给企业带来经济利益的流入，创业者在进行创业资金估算时往往将其作为一次性

---

① 营业周期是一个从现金到现金的过程，指从外购承担付款义务，到收回因销售商品或提供劳务而产生的应收账款的这段时间。

的资金需求对待，采用长期筹资的方式筹集相应资金。

2. 投资资金和营运资金。按照资金投入企业的时间，可分为投资资金和营运资金。

投资资金发生在企业开业之前，是企业在筹办期间发生各种支出所需的资金。投资资金包括企业在筹建期间为取得原材料、库存商品等流动资产投入的流动资金，购建房屋建筑物、机器设备等固定资产，购买或研发专利权、商标权、版权等无形资产投入的非流动资金，以及在筹建期间发生的人员工资、办公费、培训费、差旅费、印刷费、注册登记费、营业执照费、市场调查费、咨询费和技术资料费等开办费用所需资金。

营运资金是从企业开始经营之日起，到企业能够做到自己收支平衡为止的时间内，企业发生各种支出所需要的资金，是投资者在开业后需要继续向企业追加投入的资金。企业新开始经营到能够做到资金收支平衡为止的时间叫作营运前期，营运前期的资金投入一般主要是流动资金，既包括投资在流动资产上的资金，也包括用于日常开支的费用性支出所需资金。

新创企业开办之初，企业的产品或服务很难在短期内得到消费者的认同，企业的市场份额较小且不稳定，难以在企业开业之时就形成一定规模的销售额；而且在商业信用极其发达的今天，很多企业会采用商业信用的方式开展销售和采购业务。赊销业务的存在，使企业实现的销售收入的一部分无法在当期收到现金，从而使现金流入并不像预测的销售收入一样多。规模较小且不稳定的销售额，以及赊销导致的应收款项的存在往往使销售过程中形成的现金流在企业开业后相当长的一段时间内，无法满足日常的生产经营需要，从而要求创业者追加对企业的投资，形成大量的营运前期支出。运营前期的时间跨度往往根据企业的性质而不同，一般来说，贸易类企业可能会短于 1 个月；制造业企业则包括从开始生产之日到销售收入到账这段时间，可能要持续几个月甚至几年；对于不同的服务类企业，其营运前期的时间会有所不同，可能会短于 1 年，也可能会比 1 年要长。

在很多行业中，营运资本的资金需要远远大于投资资本的资金需要，对营运资金重要性的认识，有利于创业者充分估计创业所需资金的数量，从而及时、足额筹集资金。

（二）创业融资渠道

创业融资是创业企业在设立与发展期间的重要行为，正确的融资决策关乎创业企业的正常发展。

创业资金的来源可分为两类：一是利用自有资金；二是融入他人资金。创业资金的来源决定了创业资金的特点，也决定了创业模式的选择。

1. 自有资金。自有资金包括自有的现金，以及可作抵押的有价证券、房屋、车辆等资产。自有资金是一种无约束条件的资金，利用自有资金创业的经济风险要由个人全权承担。

2. 个人融资。所谓个人融资就是创业者自己出资或者从亲属、朋友那里筹集资金。创业者都应该明白一个道理，创业是有风险的。所以在选择创业时就应该放弃原有的待遇，全身心地投入到新创企业中去。创业者将自有资金投入到创业企业中有两方面的有利因素。第一，将尽可能多的资本投入到创业企业中可以增加自己所持有的股份，当未来企业的价值得到实现后可以获得更多的分红。第二，将个人资金投入到创业企业中可以对其他投资者形成一个良好的承诺。表明自己对创业企业的信心，可以使自己全身心地投入到事业中去。同时也可以规范创业者自身的行为，谨慎地规划企业未来的发展，合理充分利用企业的资源，不造成不必要的风险和资源浪费。

3. 商业银行贷款。商业银行贷款是创业者通过向银行借款来筹集的所需资金。这是创业者筹集固定资产投资，尤其是筹集流动资金的一种重要方法。商业银行贷款有其自身的特点：首先，银行贷款范围广、品种多。银行的贷款业务包括流动资金贷款、专项贷款、固定资金贷款等。一家银行不能承担的，可以组织银团贷款，品种多样，适用范围广。其次，偿还期灵活。商业银行贷款由于其频繁性，使得银行与企业之间关系紧密。因而对于贷款的期限有长期和短期之分，也有分期归还和一次性归还之分。这种期限上的灵活性，对于企业生产经营很重要。最后，资金成本低。银行由于享有"规模经济"的优势，能够把调查、分析等费用分散在大量的业务中，而且信息资料可以反复使用，因而降低了资金成本。在利用商业银行贷款过程中，贷款银行、利息及期限的选择对企业的资金运用起着举足轻重的作用。所以企业向银行贷款必须做好周密的准备工作，严格按企业贷款融资的方式办事，并时刻注意可能出现的各种问题。①

4. 风险融资。创业者把创业项目、商业模式及预期利润作为融资的资本，以转让新创企业部分股份为代价，向风险投资基金或有钱无项目并愿意投资的人进行融资，由他们出资创建新企业，并由创业者进行经营的一种融资方式，就是风险融资。

风险融资的前提条件有三个：一是对投资人而言，有利可图；二是对创业者而言，肯于以新创企业股份为永久代价；三是建立一个保证按股份分红的阳光制度。

风险投资商所占新创公司股份的多少是双方谈判的结果，谈判时要考虑的权变因素有：投资额度、新创企业利润的绝对值、预计投资回报率、创业失败的风险率、投资业的行情、投资人的

---

① 侯丽燕. 中小企业融资分析 [J]. 财经问题研究，2014（11）.

回报期望等。通常投资人占新创公司股份的上限是49%，因为如果投资人拥有的股份比例高于49%，创业者将失去对公司的实际控制权。

就目前的情况看，大多数的平民创业者都是为创业资金所困。但多少年来资金的实际状况却是一方面创业者的资金不足，另一方面那些拥有资金的投资者一直都在感叹可用于投资的好项目太少。目前，我国不缺少有钱的企业家（企业家一有钱就要投资，要么向现有业务投资，以扩大规模或提升水平；要么向其他项目投资，以获取投资回报），但缺少可用于投资的好项目。因此，融资的关键是拿出一个好的项目。

【知识链接】

企业融资必过的六扇门

目前大部分企业在融资过程中存在着特别大的随意性，资金用途不明确，使用方向随意更改，更重要的是连融资额度也变幻莫测。企业融资的目的是用于生存还是发展，是短期使用还是长期投资？有时，就连企业自身都搞不清楚，以致投资方很难放心地把资金投给你的。融资这回事，我们可以从以下几个简单的方面入手：

1. 企业评估。企业融资，首先要做的就是对企业进行价值评估。基于融资角度考虑，对企业所在行业前景、企业核心竞争力，以及企业的现状、发展条件、发展环境、经营状况、技术水平、市场前景及管理团队等进行详细和多方面的调研，通过切实及专业化的分析，进而对企业得出客观、真实、全面的判断。对投资者来讲，企业的价值在于企业能为投资者带来投资回报。这种回报是多种形式的，可以是企业的现金分红，也可以是企业股权的转售价值。

2. 渠道选择。基于企业评估，根据企业的实际情况准确定位选择合适融资渠道。融资渠道分为股权融资和债券融资两大类。不同融资渠道和投资商对企业有不同的要求。通过对融资渠道的对比分析与企业的自身状况，选择与企业实际相匹配的渠道群体。

3. 融资规划。企业发展必须有详细的战略规划，融资也需要战略规划。融资战略的策划需要明确几个问题：在什么时候融资；所需资金的数量；债券融资和股权融资的分配；是增资扩股还是设立新公司；向什么样的投资者融资。基于战略策划，进一步明确企业融资活动需要具备的基本条件、最佳融资渠道及融资活动成功的关键要素，最终制定企业最优融资规划方案。

4. 方案提供。按照不同融资渠道要求，提供符合国际、国内惯例的企业可行性分析、商业计划书、行业分析、财务计划等相关资料。商业计划书说明的重点在于：企业存在的市场机会，是否具备成熟的条件抓住机会，是否有实施能力和条件，投资者将获得高额回报等几个方面。

5. 融资推介。结合企业评估和融资规划，利用丰富的上游资源推进渠道实质性接洽、沟通与反馈。策划并安排融资渠道现场参观与考察，引导并参与融资企业演示、谈判。

6. 过程控制。不同融资渠道的项目评审过程存在差异，针对其各自特色，施行有效的项目过程交流与控制，强化后续跟进，直至融资活动结束。

企业的资金使用要讲究一个规划，而且是一个长远的规划，必须做到"胸有成竹"，进退有节有度，这样寻求外援资金的时候，就不至于乱了阵脚，没了分寸。

资料来源：黄鹤. 中小企业融资问题研究［D］. 南宁：广西大学，2015.

二、创业者的材料准备

创业材料也是创业资源，它既包括有形资源，如资金、房屋、机器设备、原材料等，也包括无形资源，如动机、愿景、精神等；既包括创业者所独自拥有的资源，如个人的知识、素质、能力等，也包括创业者不拥有但可支配或可借用的资源，如社会关系、政策、信息等；既包括个体性资源，如人格、勇气、毅力等，也包括群体性资源，如家庭、团队、合作伙伴等。

（一）创业资源的种类

1. 按照创业资源的性质分类。创业资源按照性质可以划分为：物质资源、人力资源、技术资源、资金资源和管理资源等。

（1）物质资源。物质资源是创业企业生产和经营所需要的有形资源，也是开展创业活动的首要条件之一。如生产场地、建筑物、机器设备、原燃材料等。一些土地、矿山、森林、水源等也可能成为新创企业的物质资源，充足的物质资源将有助于新创企业更快更好地成长。

（2）人力资源。人才对于企业的成长和发展已经越来越重要。事实上，当代企业管理中的人才的概念已经由传统的"劳动力"转变为"人力资本"。高素质人才的获取和开发成为现代企业可持续发展的关键，尤其是高科技企业，由于其更大的知识比重，人力资源显得更为重要。

（3）技术资源。技术资源包括关键技术、生产工艺、作业系统、生产设备等，尤其是对于高科技新创企业，技术资源的重要性更是不言而喻。因此，积极引进、开发和利用具有商业价值的科技成果，可以提高企业的核心竞争力。技术资源可以通过法律的手段进行必要的保护,进而形成组织的无形资产。

(4)资金资源。任何新创企业无论是产品研发,还是生产销售都需要一定的资金。对于新创企业来说,往往由于资产不足又缺乏抵押能力,很难得到银行贷款,这就使得资金资源成为企业发展的"瓶颈"。一般来说,创业初期以不高于市场平均水平的资金成本及时筹集到足够的资金,是新创企业成功创业和顺利经营的前提条件。

(5)管理资源。管理资源一般包括企业的管理系统、管理方法或管理手段。具体来说,就是如何利用管理理论、方法、手段,形成完整的管理制度。很多创业企业,尤其是高科技创业企业失败的原因不是缺少技术,也不是没有市场,而是管理不善。当然,企业也可以借助于专业的管理咨询机构,来提高企业的生产和运作效率。

2. 按照创业资源的存在形态分类。创业资源按照其存在的形态可以划分为:有形资源和无形资源。

(1)有形资源是指具有物质形态、可用货币衡量的资源,如建筑物、机器设备、原材料、产品、资金等。

(2)无形资源是指具有非物质形态、无法用货币衡量的资源,如信息、关系、权力、信誉、形象等。

3. 按照创业材料的参与程度分类。创业资源按照参与创业活动过程的方式或程度可以划分为:直接资源和间接资源。

(1)直接资源,也称为要素资源,是指直接参与企业创立或日常经营活动的资源,如资金、人才、技术、管理等。

(2)间接资源,也称环境资源,是指未直接参与企业创立或生产经营活动,但其存在可以极大地提高企业运营有效性的资源,如政策、信息、文化和品牌等。

4. 按照创业资源的来源分类。创业资源按照来源可以划分为:

内部资源和外部资源。

（1）内部资源是指创业者或创业团队自身所拥有的可用于创业的资源，如创业者自身拥有的资金、技术、信息等。

（2）外部资源是指创业者或创业团队从外部获取的各种资源，如从朋友、亲戚、伙伴或其他投资者获取的资金、设备以及其他原材料等。

总之，有助于创业者创业的东西都是创业资源。但是，从资源的角度看，成功创业的关键是发现和把握那些最适合自己资源优势的商业机会。

（二）创业资源获取的途径

获取创业资源的途径分为市场途径和非市场途径两大类。当创业所需要的资源有活跃的市场或者有类似的可比资源进行交易时，可以采用市场交易的途径；其他情况下则可以采用非市场交易的途径。

1. 通过市场交易途径获取资源。购买是指利用财务资源通过市场购入的方式，获取外部资源。主要包括购买厂房、设备等物质资源，购买专利和技术，聘请有经验的员工及通过外部融资获取资金等。

需要注意的是，诸如知识，尤其是隐性知识等资源虽然可能会附着在非知识资源之上，通过购买物质资源（如机器设备等）得到，但很难通过市场直接购买，因此，需要新创企业通过非市场途径去开发或积累。

联盟是指通过联合其他组织，对一些难以或无法自己开发的资源实行共同开发。这种方式不仅可汲取显性知识资源，还可汲取隐性知识资源。但联盟的前提是联盟双方的资源和能力互补且有共同的利益，而且能够对资源的价值及其使用达成共识。

2. 通过非市场途径获取资源。非市场途径获取资源的方式主要有资源吸引与资源积累。资源吸引指发挥无形资源的杠杆作用，利用新创企业的商业计划、通过对创业前景的描述、利用创业团队的声誉来获得或吸引物质资源（厂房、设备）、技术资源（专利、技术）、资金和人力资源（有经验的员工）。资源积累指利用现有资源在企业内部通过培育形成所需的资源。主要包括自建企业的厂房、设备，在企业内部开发新技术，通过培训来增加员工的技能和知识，通过企业自我积累获取资金等方式。

无论通过市场途径还是非市场途径取得资源，主要依赖于资源在市场的可用性和成本等因素。若证明快速进入市场能够带来成本优势，则外部购买可能就是获取的最佳方式。获取资源贯穿创业的全过程，在创业的初始阶段，它具有更加重要的作用。对于多数新创企业来说，由于初始资源禀赋的不完整性，创业者需要取得资源供应商的信任来获取资源。但无论如何，采用多种途径同时获取不同资源总是正确的选择。与采用单一途径的企业相比，通过多种方式获取资源的企业更有优势：它们在未来5年内继续经营的概率比那些主要依赖联盟的企业高46%，比专注于并购的企业高26%，比坚持内部研发的企业高12%。

（三）创业资源的整合

由于资源约束的限制，创业者在创业过程中往往要依靠自有资源，自力更生、艰苦奋斗；由于资源的"稀缺性"，很多创业者在创业之初缺少资金、设备等资源，采用"零起步""白手起家"等方法开始创业。也有的把资源的严重缺乏看作一个巨大优势，迫使自己采用最经济的方法，用最少的资源赢得最大的利益。资源获取是指在确认并识别资源的基础上，创业者利用其他资源或途径获取创业资源并使之为创业服务的过程。资源配置是指创业者对获取的创业资源进行调整，使之互相匹配、相互补充并获得核心竞争力的过程，它是企业资源整合过程的中心环节。资源运用就是创业者利用所获取并经过配置的资源，在市场上形成一定的能力，通过发挥资源与能力的作用为客户提供产品或服务并为客户创造价值的过程。具体而言，创业资源整合方法主要包括：拼凑法、步步为营法、杠杆作用法。

1. 拼凑法。拼凑法指创业者在资源被约束的情况下，利用身边已有的零碎资源制造新产品和创造价值的方法。拼凑法包含以下几层含义：

（1）拼凑利用的资源可能不是最好的，但可以通过一些技巧将平凡资源创造性地组合在一起。比如，东拼西凑、修修补补。

（2）通过对零碎、旧的资源改进或加入一些新元素可以改变资源结构，实现资源有效组合。很多案例表明，拼凑是创业者利用资源的独特行为，利用手头存在的不完整、零碎的资源，如工具、旧货等，可以创造出独特的价值。创业者可能通过突破惯性思维、手边资源再利用、将就等策略，采用全面拼凑或者选择性拼凑的方式，解决资源高度约束的问题。

2. 步步为营法。步步为营法指在缺乏资源的情况下，创业者分多个阶段投入资源，并在每个阶段投入最少资源的方法。美国学者杰弗里·康沃尔（Jeffrey Comwall）指出：在有限资源的约束下，采用步步为营法整合资源，不仅是最经济的方法，而且也是一种获取满意收益的方法。由于创业者难以获得银行、投资家的资金，为了使风险最小化、审慎控制和管理、增加收入等，采用步步为营法有以下作用：在有限资源的约束下，寻找实现创业理想目标的途径；最大限度地降低对外部资源的需要；最大限度地发挥创业者投入在企业内部资金的作用；实现现金流的最佳使用等。

3. 杠杆作用法。杠杆作用法指发挥资源的杠杆效应，以尽可能少的付出获取尽可能多的收获。美国银行投资家罗伯特·库恩（Robert Kuhn）认为：企业家要具有在沙子里找到钻石的工夫，能发现一般资源怎样被用于特殊作用。发挥资源的杠杆效应体现在以下 5 个方面：比别人更加延长地使用资源；更充分地利用别人没有意识到的资源；利用他人的资源完成自己创业的目的；将一种资源补充到另一种资源，产生更高的复合价值（组合）；利用一种资源获得其他资源（交换）。

资源杠杆可以是资金、资产、时间、品牌、关系、能力等。对初创业者来说，最适合的杠杆是善于利用一切可以利用资源的能力。杠杆发挥作用的具体形式：借用、租赁、共享、契约等。比较容易产生杠杆作用的资源是社会资本。它为社会网络中的创业者的交易活动提供便利的资源和机会。

所以，对于创业者而言，首先，要清楚自身所拥有的知识技能、自身所拥有的关键创业资源和创业社会网络的价值；其次，要考虑如何做才能够从供应商、客户、竞争对手获取创业所需的各种资源，以及如何利用社会网络获取创业所需资源，如何在企业内部通过学习来开发形成新的资源；再次，就是要对资源进行配置，包括剥离创业无用的资源、实现资源的转移和结合、实现内部资源的共享性配置等；最后，是利用个人资源和已整合的资源获取外部资源。

三、创业者的信息准备

创业往往是从发现、把握、利用某个或某些商业机会开始的。所谓创业机会，也称商业机会或市场机会，是指有吸引力的、较为持久的和适时的一种商务活动空间，并最终表现在能为消费者或客户创造价值或增加价值的产品或服务之中。识别创业机会是创业成功最重要的一步，好的创业机会真正是创业成功的一半。

（一）创业机会的来源与时机

1. 创业机会的来源。创业机会的出现往往是因为环境的变动、市场的不协调或混乱、信息的滞后、领先或缺口以及各种各样的其他因素的影响。也就是说，在一个自由的企业系统中，当行业和市场中存在变化着的环境、混乱、混沌、矛盾、落后与领先、知识和信息的鸿沟以及其他真空时，创业机会就产生了如技术革新、消费者偏好的变化、法律政策的调整等。

总的来说，以上几种因素可归纳为技术机会、市场机会和政策机会三类创业机会。

一是技术机会，即技术变化带来的创业机会，主要源自新的科技突破和社会的科技进步。通常，技术上的任何变化，或多种技术的组合都可能给创业者带来某种商业机会，具体表现在以下几方面：

（1）新技术替代旧技术。当在某一领域出现了新的科技突破和技术，并且它们足以替代某些旧技术时，创业的机会就来了。

（2）实现新功能、创造新产品的新技术的出现。这无疑会给创业者带来新的商机。

（3）新技术带来的新问题。多数技术的出现对人类都有其利弊的两面性，即在给人类带来新的利益的同时，也会给人类带来某些新的灾难，这就会迫使人们为了消除新技术的某些弊端，再去开发新的技术并使其商业化，这就会带来新的创业机会。

二是市场机会，即市场变化产生的创业机会。一般来看，主要有以下四类：

第一，市场上出现了与经济发展阶段有关的新需求。相应地，就需要有企业去满足这些新的需求，这同样是创业者可以利用的商业机会。

第二，当期市场供给缺陷产生的新的商业机会。非均衡经济学认为，市场是不可能真正"出清"供求平衡的，总有一些供给不能实现其价值。因此，创业者如果能发现这些供给结构性缺陷，同样可以找到可以利用创业的商业机会。

第三，先进国家（或地区）产业转移带来的市场机会。从历史上看，世界各地的发展进程是有快有慢的，即便在同一国家不同区域的发展进程也不尽相同。这样，在先进国家或地区与落后国家或地区之间，就有一个发展的"势差"。当这"势差"大到一定程度，由于国家或地区之间存在"成本差异"，再加上经济发展到一定程度时，环保问题往往会被先进国家或地区率先提到议事日程上。所以，先进国家或地区就会将某些产业向外转移，这就可能为落后国家或地区的创业者提供创业的商业机会。

第四，从中外比较中寻找差距，差距中往往隐含着某种商机。通过与先进国家或地区比较，看看别人已有的哪些东西我们还没有，这"没有的"就是差距，其中即可能发现某种商业机会。

三是政策机会，即政府政策变化所赐予创业者的商业机会。随着经济发展、科技变革等的变化，政府必然也要不断调整自己的政策，而政府政策的某些变化，就可能给创业者带来新的商业机会。

2. 创业时机。创业机会存在于或产生于现实的时间之中。一个好的机会是诱人的、持久的、适时的，它被固化在一种产品或服务中，这种产品或服务为它的买主或最终用户创造或添加了价值。

在创业的过程中可能存在这样的问题：如果真的有一个经营机会，是否有抓住这个机会的足够时间呢？这取决于技术的动作和竞争对手的动向等因素，所以说，一个市场机会通常也是个不断移动的目标。因此，在此意义上，存在着一个"机会窗口"。

所谓机会窗口，就是指市场存在的发展空间有一定的时间长度，使得创业者能够在这一时段中创立自己的企业，并获得相应的盈利与投资回报。一般来说，市场随着时间的变化以不同的速度增长，并且随着市场的迅速扩大，往往会出现越来越多的机会。但当市场变得更大并稳定下来时，市场条件就不那么有利了。因此，在市场扩展到足够大的程度，形成一定结构时，机会窗口就打开了；而当市场成熟了之后，机会窗口就开始关闭。

由此可见，一个创业者要抓住某一市场机会，其机会窗口应是敞开的而不是关闭的，并且它必须保持敞开足够长的时间，以便被加以利用。因为如果等到机会窗口接近关闭的时候再来创业，留给创业者的余地将十分有限，新创企业也就很难盈利，从而导致创业夭折。

（二）创业机会的发现

创业机会的发现是创业机会识别过程中最重要的一步，它意味着创业者发现存在着的创业机会并使之形成自己所理解、认识的创业机会。

1. 形成创意。一个企业创业成功开始的关键，可能来源于一个经过适当评价的新产品或服务较完美的创意，而创意往往来源于对市场机会、技术机会和政策机会的感觉和把握，具体来源于顾客、现有企业、企业的分销渠道、政府机构以及企业的研发活动等。

（1）顾客。创业者可以通过正规或非正规的方式，接触有关新产品或服务的创意的最终焦点——潜在顾客，了解顾客的需求或潜在需求，从而形成创意。

（2）现有企业。主要是对市场竞争者的产品和服务进行追踪、分析和评价，找出现有产品存在的缺陷，有针对性地提出改进产品的方法，形成创意，并且发现具有巨大潜力的新产品，进行创业。

（3）分销渠道。由于分销商是直接面向市场的，他们不仅可以提供顾客所需的产品改进和新产品类型等方面的广泛信息，而且能对全新的产品提出建议来帮助推广新产品。因此，与分销商保持沟通，是形成创意的一条途径。

（4）政府机构。一方面，专利局的文档中蕴含着大量的新产品创意，尽管其专利本身可能对新产品的引进形成法律制约，却可能对其他具有市场潜力的创意带来有益的启发；另一方面，创意可能来源于对政府有关法规的反映。

（5）研发活动。企业本身的研发活动通常装备精良，有能力为企业成功地开发新产品，它是创意的主要来源之一。

一个创意可以通过多种方法产生，主要有以下几点：

一是根据经验分析。对创业者而言，创意是创建企业的工具，在创建成功企业的过程中少不了它。就这方面而言，经验在审视创意时显得至关重要。有经验的创业者，往往在模式和机会还在形成的过程中就表现出了快速识别和形成创意的能力。

二是创造性思维。创造性思维在形成创意的过程中是很有价值的，在创业的其他方面也是如此，创造性思维可以通过学习和培训等方式来提升。

三是激发创造力。激发创造力的方法有很多，如头脑风暴法、自由联想法、灵感激励法等，可以通过这些方法来激发创造力。

四是依靠团队创造力。当人们组成团队时，往往可以产生单个人不会出现的创造力。通过小组成员集体交换意见所产生的问题解决方案和其他方式相比，可能会更好。据统计，约47%的创意来源于工作团队的活动。

2. 创业机会信息的收集。创业机会信息的收集是使创意变为现实的创业机会的基础工作。

首先，根据创意，明确研究的目的或目标。例如，创业者可能会认为他们的产品或服务存在一个市场，但他们不能确信：产品或服务如果以某种形式出现，谁将是顾客。这样，一个目标便是向人们询问他们如何看待该产品或服务，是否愿意购买，了解有关人口统计的背景资料和消费者个人的态度。当然，还有其他目标，如了解有多少潜在顾客愿意购买该产品或服务，潜在的顾客愿意在哪里购买，以及预期会在哪里听说或了解该产品或服务等。

其次，从已有数据或第一手资料中收集信息。这些信息主要来自于商贸杂志、图书馆、政府机构、大学或专门的咨询机构以及互联网等。一般可以找到一些关于行业、竞争者、顾客偏好的趋向、产品创新等方面的信息。该信息的获得一般是免费的，或者成本较低，创业者应尽可能利用这些信息。

最后，从第一手资料中收集信息。收集第一手资料，包括一个数据收集过程，如观察、上网、访谈、集中小组试验以及问卷等。该信息的获得一般来说成本都比较高，但却能够获得更有意义的信息，可以更好地识别创业机会。

3. 创业环境分析。环境在创业过程中扮演着非常重要的角色。因此，创业者准备创业计划之前，首先有必要对其进行研究分析，主要包括技术环境分析、市场环境分析和政策环境分析。

（1）技术环境分析。技术的进步难以预测，从某种意义上说，技术是变化最为剧烈的环境因素。因为技术的进步可以极大地影响到企业的产品、服务、市场、供应商、分销商、竞争者、用户、制造工艺、营销方法及竞争地位等。技术进步可以创造新的市场，产生大量新的和改进的产品，改变创业企业在产业中的相对成本及竞争位置，也可以使现有产品及服务过时。技术的变革可以减少或消除企业间的成本壁垒，缩短产品的生命周期，并改变雇员、管理者和用户的价值观与预期，还可以带来比现有竞争优势更为强大的新的竞争优势。因此，创业者应对所涉及行业的技术变化趋势有所了解和把握，应考虑因政府投入可能带来的技术发展。

（2）市场环境分析。市场环境分析可以从宏观、中观和微观三个层次来进行。

在宏观上，主要是对经济因素、文化因素的分析。一方面，一个新创企业成功与否在很大程度上取决于整个经济运行情况，如整个国民经济的发展状况、产业结构的构成与发展、消费和积累资金的构成及其变化、失业状况以及消费者可支配收入等，具体体现在 GDP、人均 GDP、可支配收入等指标上。这些因素都会影响市场的需求状况，从而对创业企业有一定的影响。另一方面，从文化因素上说，如人们生活态度的变化、价值观念的变化、道德观的变化等也会对创业的市场需求产生影响，特别是那些与健康或环境质量等有密切关系的产品或服务更是如此。

在中观上，主要是对行业需求的分析，如市场是增长的还是衰退的、新的竞争者的数量以及消费者需求可能的变化等重要问题，创业者必须加以认真考虑，以便确定创建企业所能获得的潜在市场的规模。

在微观上，根据波特的竞争模型，潜在的进入者、行业内现有的竞争者、代用品的生产者和购买者是主要的竞争力量。

一是新进入者的威胁。新进入者是行业的重要竞争力量，虽然创业者本身往往是一个行业的新进入者，但他同时也会面临着其他意识到同样创业机会的创业者或模仿者新进入的威胁，他们会对创业的成功与收益带来很大威胁，其大小主要取决于进入障碍和本企业的可反击力度，其影响因素主要包括规模经济、产品差别优势、资金需求、转换成本、销售渠道等。

二是现有竞争者的抗衡。创业者在进入某一个行业时，会遇到行业内现有企业的压力与竞争，其程度是由一些结构性因素决定的。由于每个行业的进入和退出障碍不同，便形成不同的组合。

三是替代品的竞争压力将导致替代品的不断增多，因此，创业者在制定战略时，必须识别替代品的威胁及程度。对于顺应时代潮流，采用最新技术、最新材料的产品，或对于从能获得高额利润部门生产出来的替代品，尤应注意。

四是购买者和供应者的讨价还价能力。任何行业的购买者和供应者，都会在各种交易条件上尽力迫使交易对方让步，使自己获得更多的收益，其中讨价还价能力起着重要作用。

五是其他利益相关者。主要包括股东、员工、政府、社区、借贷人等，他们各自对各个企业的影响大小不同。创业者从创业初始就应适当考虑与利益相关者的价值均衡问题及它们对创业的影响。

（3）政策环境分析。政府的政策规定、法律法规等都可能直接或间接影响创业的活动。例如取消价格控制法规、对媒体广告的约束法规（如禁止香烟广告）、影响产品及其包装的某个条例等，这些法规都将对创业企业的产品开发和市场营销等产生影响。另外，政府对市场的规制也是一个值得重视的方面，如美国政府在20世纪80年代对电信和航空业进入限制的放松，就导致了大量新公司的组建。

一般来说，有关市场特征、竞争者等可获得的数据，常常反过来与一个创业机会中真正的潜力相联系。也就是说，如果市场数据已经可以获得，并且数据清晰显示出重要的潜力，那么大量的竞争者就会进入该市场，该市场中的创业机会就会随之减少。

因此，对收集的信息进行结果评价和分析，识别真正的创业机会是重要的一步。一般而言，单纯地对问题答案的总结可以给出一些初步印象：接着对这些数据信息交叉制表进行分析，则可以获得更加有意义的结果。也就是说，对创业者来说，搜集必要的信息，发现可能性，将别人看来仅仅是一片混乱的事物联系起来，从而发现真正的创业机会，这是非常重要的。

（三）创业信息的分析

1. 融资分析。创业启动资金通常有六种来源：个人投资、朋友借款、合伙投资、银行贷款、政府支持和风险投资。基于创业者经济基础薄弱、社会经验少、人际资源窄、能力有限的特点，资金来源的多少和获取难易度都因此受影响。

风险投资是一种高风险、高回报的投资。风险投资家以参股的形式进入创业企业，为降低风险，在实现增值目的后会退出投资，而不会永远与创业企业捆绑在一起。风险投资通常比较青睐高科技创业企业。风险投资家关心创业者手中的技术，也关注创业企业的营利模式和创业者本人。作为创业者，要想取得风险投资是比较困难的事情，但相对而言，赢得风险投资将会获得比银行贷款更大的资金额度。

2. 市场分析。目标市场定位与竞争战略是创业前战略思考的重中之重，创业者首先要弄清商机在哪里，自己的市场在哪里，自己能从现有的或潜在的竞争对手手里赢得多少市场份额，如何实现。

因此，为避免盲目创业，创业者必须对创业方向以及创业项目进行深入细致、全面客观的市场调研。只凭创业者自己的主观臆测或片面了解做出的决策，往往导致创业失败。市场调研包括对市场现状、市场准入门槛、客户群体特征、市场规模、市场需求、成长性等各种因素的调查和分析,只有掌握了客观、充分的资料,创业项目的选择、市场定位、明确产品或服务、市场营销决策等才能有据可依。

3. 资源分析。在创办企业前,为了充分利用各种有效资源,还要就人脉资源、产业优惠政策、外部环境资源等多方面的资源整合进行战略思考。

首先,人脉资源整合是资源整合中的重中之重,整合到大量有效的人脉资源就意味着吸引到更多的人才、资本、技术等。

其次,利用产业优惠政策资源。要对现阶段相关的国家政策、区域政策进行认真地解读和充分的利用,分析其中是否有行政审批、免费资源、资金扶持等方面的优惠政策和资源。

最后,分析外部环境资源。根据企业特点,了解周边环境对创业有哪些有利帮助,当地的基础设施条件、人力资源供应条件、政策环境条件如何,有无政策咨询、融资渠道、技术专家、营销顾问等社会资源可用等。

【知识链接】

德鲁克提出的机会的七种来源

1. 意外之事。意外的成功。没有哪一种来源比意外的成功提供更多的成功创新的机遇。而且,它所提供的创新机遇风险最小,求索的过程也最不艰辛。但意外的成功几乎完全受到忽视,更糟糕的是,管理人员往往积极地将其拒之门外。意外的失败。与成功不同的是,失败不能够被拒绝,而且几乎不可能不受注意。但是它们很少被看作机遇的征兆。当然,许多失败都是失误,是贪婪、愚昧、盲目追求或是设计或执行不得力的结果。但如果经过精心设计、规划及小心执行后仍然失败,那么这种失败常常反映了隐藏的变化,以及随变化而来的机遇。

2. 不协调。所谓"不协调"（lncongruity）指事物的状态与事物"应该"的状态之间或者事物的状态与人们假想的状态之间的不一致、不合拍。也许我们并不了解其中的原因，事实上，我们经常说不出个所以然来，但不协调是创新机遇的一个征兆。引用地质学的术语来说，它表示下面有一个"断层"。这样的断层提供了创新的机遇。它产生了一种不稳定性，四两可拨千斤，稍作努力即可促成经济或社会形态的重构。

3. 程序需要。与意外事件或不协调一样，它也存在于一个企业、一个产业或一个服务领域的程序之中。程序需要与其他创新来源不同，它并不始于环境中（无论内部还是外部）的某一件事，而是始于需要完成的某项工作。它是以任务为中心，而不是以状况为中心的。它是完善一个业已存在的程序，替换薄弱的环节，用新知识重新设计一个旧程序等。

4. 产业和市场结构。产业和市场结构有时可持续很多年，从表面上看非常稳定。实际上，市场和产业结构相当脆弱。受到一点点冲击，它们就会瓦解，而且速度很快。市场和产业结构的变化同样也是一个重要的创新机遇。

5. 人口变化。在所有外部变化中，人口变化被定义为人口规模、年龄结构、人口组合、就业情况、教育情况以及收入的变化等，最为一目了然。它们毫不含糊，并且能够得出最可预测的结果。

6. 认知、意义和情绪上的变化。从数学上说，"杯子是半满的"和"杯子是半空的"没有任何区别。但这两句话的意义在商业上却完全不同，造成的结果也不一样。如果一般的认知从看见杯子是"半满"的改变为看见杯子是"半空"的，那么这里就可能存在着重大的创新机遇。

7. 新知识。基于知识的创新是企业家精神的"超级巨星"。它可以得到关注，获得钱财，它是人们通常所指的创新。当然，并不是所有基于知识的创新都非常重要，有些的确微不足道。但是在创造历史的创新中，基于知识的创新占有很重要的分量。然而，知识并不一定是科技方面的，基于知识的社会创新也同样甚至更重要。

资料来源：［美］彼得·德鲁克. 创新与企业家精神［M］. 蔡文燕译. 北京：机械工业出版社，2007.

小　结

创业资源的获取和整合伴随于整个创业过程之中，创业者需要有效识别各种创业资源，并且积极借助企业内外部的力量对创业资源进行组织和整合，实现企业核心竞争力的提升，促进创业成长。哈佛大学拉克教授讲过这样一段话："创业对大多数人而言是一件极具诱惑的事，同时也是一件极具挑战的事。不是人人都能成功，也并非想象中那么困难。但任何一个梦想成功的人，倘若他知道创业需要策划、技术及创意的观念，那么成功已离他不远了。"①

---

① 朱科艺. 浅谈高校创业教育与职业生涯规划教育相合［J］. 家教世界，2013（22）：217－218.

问题五　人生新起航——如何创办新企业

【导入案例】　　　　　创业是一种实践

小尹有着强烈的创业梦想。大一时，他就与同学创建了"创业协会"。他在校内开办旧货交易会，积极进行创业实践。他从同学们手中收集旧衣服、旧书本、运动器材，再帮他们转卖这些旧货。通过这次行动，给小尹积累了不少经验。

小尹又通过"创业协会"组织了创业大赛，从参赛的创业计划书中，获得了很多创业灵感和思路。他相继开办韩语培训班、兼职信息中心、建设淘宝屋等。在短短一年内，小尹尝试了几个不同的行业领域，由于缺乏好的经营模式和创意，这些经营项目最终都停滞了下来。

几次创业失败的经验，让小尹的创业选择逐渐成熟起来。他通过在学校发放问卷，调查同学们的消费方式，通过严谨的市场分析最终选择启动"冰吧"的创业项目。

小尹和搭档筹集了2万元资金，并将项目报到学校，得到领导批示后，他们向学校申请得到了一块营业用地。由于资金不足，小尹和搭档自己动手装修房子，亲自选购原料、设备。他说，"通过那次经历，我学会了货比三家，学会了如何洽谈生意。"

由于创业准备非常充分，冰吧一开业就得到了顾客的认可，生意兴隆。这给小尹带来了很大信心。创业之路是艰辛而曲折的，冰吧项目运营不久就出现了技术不成熟、冰品味道欠佳、资金周转不灵等问题。创业团队团结一心，共同想办法、找出路，闯过了难关。

现在，小尹的冰吧项目已经实现了盈利，现金流很稳定，经营管理也日益规范。

资料来源：徐俊祥，徐焕然．创未来［M］．北京：现代教育出版社，2017．

小尹的创业故事告诉我们，创业，要善于积累经验，寻找商业机会；创业，要做好充分的前期调研，找准项目；创业，要有凝聚力的创业团队；创业，要能经得起失败的心理素质。创业者创业前要做好创业前的各项准备，对于创办企业的形式和流程也要深入的了解，接下来我们将和大家一起了解一下创办企业的具体流程。

一、创办企业的一般常识

（一）认识企业

企业是从事生产、流通或服务性活动的独立核算经济单位。它是依法设立的经济组织，是在商品经济范畴中，按照一定的组织规律有机构成的经济实体，一般以盈利为目的，以实现投资人、客户、员工、社会大众的利益最大化为使命，通过提供产品或服务满足社会需求，以换取收入和盈利。企业是社会发展的产物，因社会分工的发展而成长壮大。

（二）企业的类型

企业根据不同的标准也可以分为不同的类型。

1. 根据企业规模划分。根据企业规模大小不同，可分为大型企业、中型企业、小型企业。

2. 根据企业组织形式划分。根据企业组织形式不同，可分为个体企业、合伙制企业、股份制企业。

3. 根据经济成分划分。根据经济成分不同，可分为国有企业、集体企业和私营企业。

4. 根据资源密集程度划分。根据资源密集程度不同，可分为劳动密集型企业、资金密集型企业和技术密集型企业。

5. 根据经营性质划分。根据经营性质不同，可以分为工业企业、商业企业、农业企业、金融保险企业、房地产开发企业、交通运输企业、旅游服务企业、餐饮娱乐企业、邮电企业、中介服务业等。

（三）企业的法律形式

创业者在创立企业的时候，必须解决的一个重要问题是企业应选择什么样的法律组织形式。这个决策主要取决于创业者和公司投资者的目标，并考虑纳税地位、承担的法律责任及在企业经营和融资活动中的灵活性。

依据我国现行法律规定，个人创立新企业的法律形式主要有有限责任公司、合伙企业、个人独资企业、个体工商户等。不同的企业类型有着不同的设立条件和注册资本限额。

1. 有限责任公司。有限责任公司又称有限公司，是指符合法律规定的股东出资组建，股东以其出资额为限对公司承担责任，公司以其全部资产对公司的债务承担责任的企业法人。

2. 合伙企业。合伙企业，是指自然人、法人和其他组织依照《中华人民共和国合伙企业法》在中国境内设立的普通合伙企业和有限合伙企业。合伙企业由各合伙人订立合伙协议，共同出资、合伙经营、共享收益、共担风险，并对合伙企业债务承担无限连带责任。

3. 个人独资企业。个人独资企业，简称独资企业，是指由一个自然人投资，全部资产为投资人所有的营利性经济组织。独资企业是一种很古老的企业形式，至今仍广泛运用于商业经营中，其典型特征是个人出资、个人经营、个人自负盈亏和自担风险。

4. 个体工商户。个体工商户是在法律允许的范围之内，依法经核准登记，从事工商业经营的自然人。

通过以上分析，可以看出企业的不同法律形式之间的区别，创业者选择自己的法律形式时，要从下面四个方面认定：业主数量和注册资本，成立条件，经营特征，利润分配和债务责任。

二、创办企业的三种方式

创业者决心投入创业行列时，需要考虑采取何种创业方式，是独创，还是合伙，或是收购。如图 5-1 所示要将自己的经营能力、可动用经营资源与可能创业方式作一番慎重评估，才能最后做出决定。

（一）独创

独创是指创业者独立创办自己的企业。在现代社会，个人独立创业成为一种很平常的现象，创业者往往通过工艺创新、市场营销创新等非技术创新而成功地创建企业。

1. 独创企业的优点。独创企业的特点在于产权是创业者个人独有的，相对独立，而且产权清晰，不会与其他个人或团体产生产权。企业由创业者自由掌控，创业者可按自己的思路来经营和

| 共担风险 融资较易 优势互补 | 合伙优势 | 合伙劣势 | 产权关系不明晰，关系难处 易产生利益冲突 易出现中途退场者 企业内部管理交易费用较高 企业发展目标不统一 |

| 产权为创业者个人独有，相对独立产权清晰 企业由创业者自由掌控，最大地发挥个人才能 企业利润归创业者独有，无须担心他人分利 无须迎合其他持股者的要求或干扰 | 独创优势 | 独创劣势 | 创业者独自承担风险 探索性很强 创业资金筹备比较困难 财务压力大 个人才能的限制，难有优秀的管理团队 |

| 迅速进入 迅速扩大产品种类 选择性大 利用原有的管理制度和管理人员、技术，不必重新设计 采用被购企业的分销渠道 获得被购企业的市场份额，减少竞争 获得被购企业的商标 廉价购买资产 | 收购优势 | 收购劣势 | 价值评估困难 失败率高 现有企业往往同他的客户、供给者和员工有某些契约关系或传统关系 转换成本高 选择收购对象是个难点 原有企业的包袱会随之而入 |

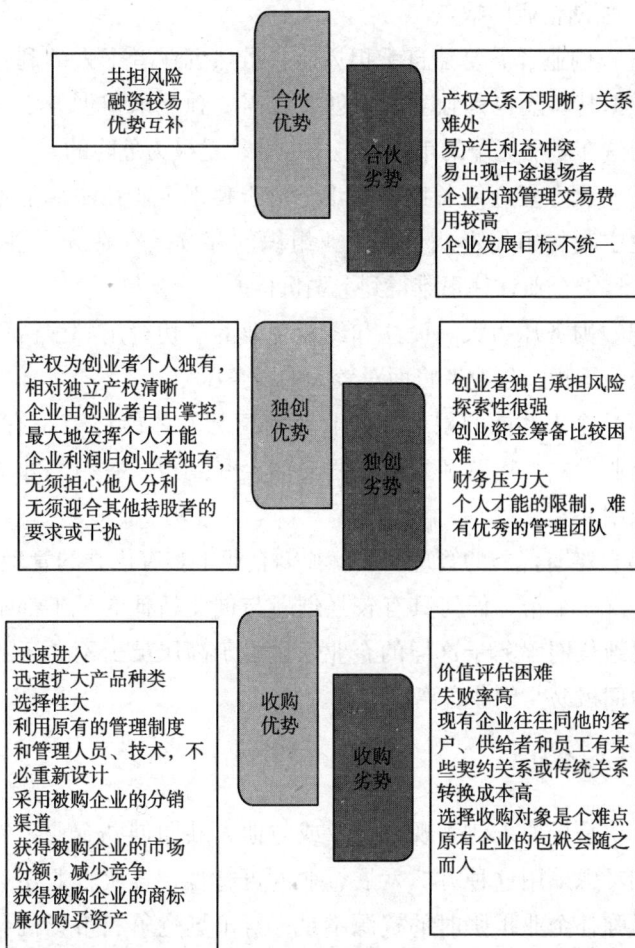

图 5-1　三种方式的优劣对比

发展自己的企业，可以最大限度地发挥个人的智慧与才能；企业利润归创业者独有，无须担心他人分利；同时也不存在其他所有者，无须迎合其他持股者的利益要求和其对企业经营的干扰，这是十分有利的。

2. 独创企业的缺点。

（1）创业者需要独自承担风险。虽然创业者个人的利益是独立的，但其风险也是独立的，创业者需要独立承担创业中的任何风险。这在激烈竞争的市场环境中，往往是极为危险的。

（2）创业资金筹备比较困难。由于独创企业在法律上不得不采取业主制的组织形式，在企业组织的存续上存在先天性缺陷。因此，这类企业往往很难得到金融机构的信贷支持。

（3）财务压力大。设立和经营企业的一切费用必须由创业者个人独立承担，创业者将面对较大的财务压力。

（4）个人才能的限制。创业者的智慧和才能终究是有限的，独创企业设立、运营和发展过程必然会受到个人智慧、才能和理性的限制。

（5）难有优秀的管理团队。独创企业很难有优秀的管理团队。一个好汉三个帮，任何具有较强创新与创业精神的员工都不会心甘情愿地长期服务于这样的企业。且由于高层员工不是企业的股东，他们极易与创业者离心离德。

（二）合伙

合伙是指加入他人现有企业或与他人共同创办企业。创业者需仔细考虑采用这种方式发展企业的可行性。合伙企业还可以被看作是弥补企业扩张时的资源不足，对市场竞争和市场机会更快地做出反应的众多方法之一。作为一种扩张策略，有效地利用合伙战略需要创业者认真地评估形势和合作者。

1. 合伙企业的优点。

（1）共担风险。由于合伙企业存在至少两个或两个以上创业者。在风险承担方面可以共同分担，在遇到各种困难时可以一起克服。

（2）融资较易。在合伙企业中吸纳具有融资优势的个人加入，可以减弱以至回避个人独创企业融资难的问题。

（3）优势互补。由于合伙企业的创业者为两人或更多，创业者的智慧、才能、理性以及资源可以互补，只要团队结构协调、合理，即可以形成一定的团队优势。

2. 合伙企业的缺点。

（1）产权关系不明晰，关系难处。在我国有关创业的法律体系不完善的情况下，合伙企业往往会遇到产权关系难以处理的问题。特别是合伙创业起步之初，往往需要某些无形资产持有者的加入，但无形资产的股份难以合理确认，且当企业发展到一定程度，无形资产提供者在企业中的地位和利益往往会遇到挑战。

（2）易产生利益冲突。合伙意味着数个人的利益交织在一起，团队成员之间的利益关系需要反复磨合，在企业设立、运营、发展中不免会产生这样或那样的利益矛盾。一旦利益关系出现了大的不协调，就可能导致企业存续和运营的危机。

（3）易出现中途退场者。当团队内部出现了较大的利益矛盾，或是某些团队成员遇到了更好的盈利机会，还有某些团队成员已有能力独立创业，以及某些团队成员畏惧创业中出现的困难时，这些成员就可能退出现有的创业团队。一旦有人退出，就有可能影响合伙创业的进程，以致影响到新创企业的发展。

（4）企业内部管理交易费用较高。企业设立、运营和发展都需要由集体决策，如果团队内部沟通不好，关系不协调，往往会形成大事小事皆议而不决的局面。

（5）企业发展目标不统一。由于各合伙人的商业目的不一致，可能导致企业发展方向不统一。

（三）收购

投资收购现成的企业，包括既有企业并购（经营成功企业并购、待起死回生企业收购）和购买他人智能（知识产权的收购、特许加盟）等方式。客观地看，创业不外乎是培育某种财富生产能力，为自己创造利润，为社会提供福利。因此，投入资金，通过产权交易，直接变他人的财富制造能力为自己所有，也不失为创业的可行途径。

1. 收购企业的优点。

（1）迅速进入。新创企业进入市场时总会遇到这样或那样的障碍。诸如技术壁垒、规模壁垒、市场分割壁垒、政府许可壁垒等。收购方式最基本的特性就是可以省掉很长的时间，迅速获得现成的管理人员、技术人员和设备。可以迅速建立一个产销据点，有利于企业迅速做出反应，抓住市场机会。如果被收购企业是一个盈利企业，收购者可以迅速获得收益，从而大大缩短了投资回收年限。

（2）迅速扩大产品种类。收购方式可以迅速增加母公司的产品种类。尤其是原有企业要跨越原有产品范围而实现多样化经营时，如果缺乏有关新的产品种类的生产和营销方面的技术和经验的话，显然采取收购方式更为稳当。

（3）选择性大。目前，我国不少行业的生产能力是过剩的。如在轻工行业，某些产品的生产能力超过市场需求的25%，有些甚至超过100%。其他一些行业也有相似的情况。这就给购买他人的生产能力提供了较大的选择空间。创业者关键是要在可能的购买对象中做出恰当的选择。

（4）利用原有的管理制度和管理人员、技术。采取收购作为直接投资的方式，可以不必重新设计一套适合当地情况的经营管理制度。这样可以避免对该领域或该地区的情况缺乏了解而引起的各种问题。收购技术先进的企业可以获得该企业的先进技术和专利权，从而提高技术水平。

（5）采用被购企业的分销渠道。这样可以利用被购企业已经成形的市场分销渠道以及企业同经销商多年往来所建立的信用。

（6）获得被购企业的市场份额，减少竞争。市场份额的增加会导致更大规模的生产，从而实现规模经济。企业可以收购作为竞争对手的企业，然后将它关闭来占据新的市场份额。

（7）获得被购企业的商标。收购一些知名的企业往往可利用其商标的知名度，迅速打开市场。

（8）廉价购买资产。一种情况是，从事收购的企业比目标企业更知道他所拥有的某项资产的实际价值。例如目标企业可能拥有宝贵的土地或按历史折旧成本已摊提了，可是在账簿上还保有的不动产，但有时低估了这项资产的限期重置价值使得收购者廉价地买下这家企业。另一种情况是，收购不盈利或亏损的企业，可以利用对方的困境压低价格。

（9）迅速形成自己的财富生产能力，加快进入市场的速度。在新经济时代，要求企业对市场变化、市场竞争有更高的响应速度。如果新建一种财富生产能力，往往要花数月甚至数年的时间，等到生产能力建成了，市场机会早被他人抢走了。而购买他人现有的生产能力，只需进行必要的技术改造，即迅速提供市场需要的商品，实实在在地抓住某些盈利良机。

2. 收购企业的缺点。

（1）价值评估困难。第一，有的目标企业为逃税漏税而伪造财务报表，存在着各种错误和遗漏，有的目标企业不愿意透露某些关键性的商业机密，加大了评估难度；第二，对收购后企业的销售潜力和远期利润的估计困难较大；第三，企业的资产还包括商誉等无形资产，这些无形资产的价值却不像物质资产的价值那样可以轻易用数字表示。

（2）失败率高。失败有很多原因，一个重要的原因是被收购企业的原有管理制度不适合收购者的要求。如果原有的管理制度好，收购企业可以坐享其成，无须很大的改变；若原来的管理制度不适合要求，收购后对其进行改造时习惯原有经营管理方式的管理人员和职工往往对外来的管理方式加以抵制。母公司在被收购企业内推行新的信息和控制体系常常是一个困难而又缓慢的过程。另外企业虽然可以通过收购方式获取市场份额和产品技术，但如对被收购企业的产品种类过于缺乏经验，可能无法进行有效的管理，这也会导致收购的失败。

（3）现有企业往往同它的客户、供给者和员工有某些契约关系或传统关系。例如现有企业可能同某些老客户具有长期的特殊关系，该企业被收购后，如果结束这些关系可能在公共关系上代价很大，然而继续维持这些关系可能被其他客户认为是差别待遇。与供给者之间的关系也可能会碰到类似的情况。

（4）转换成本高。一般而言，收购对方的生产能力后，总要对所购入的生产能力进行某些技术改造，这就涉及所谓转换成本问题，包括技术改造成本、原有某些设备提前报废的损失、原有人员进入新岗位的培训费用增加等。这是购买现有企业生产能力时不得不考虑的问题。

（5）选择收购对象是个难点。要恰当地选择目标企业，进而购买它，不是一件容易的事情。通常在选择购买对象时，创业者应该考虑如下问题：目标企业目前的市场地位、未来的市场地位，目标企业目前的技术能力、技术能力的成长性，目标企业的负债状况，目标企业目前的经营业绩，目标企业要求的出资方式及其方便性，并购后技术改造需要的增量投资，可能随之增加的企业社会负担等。

（6）原有企业的包袱会随之而入。创业者如果收购某个企业，常常也不得不随之收购现有企业原本承担的某些社会义务。收购也可能导致人力资源管理上的麻烦。现有企业被收购以后，由于企业的整顿往往会产生大量的剩余人员，对这些人员的安置和报酬的支付，在企业的经济效益上或在道义和法律上都会碰到麻烦。

收购过程没有正规的程序，目前尚无确定正确的步骤，以及各种情况下的最好选择，因此，在收购过程中，个人理念、良好的商业感觉以及对每个机会谨慎乐观的探索都是无可替代的。有人提出成功收购一个企业的框架，认为必须经过这样几步：确认目标、价值评估以及交易谈判。

三、注册公司的准备工作

创业者在创办一家新的公司之前，要做好以下几方面准备（见图5-2）：

图5-2 注册公司的准备工作

（一）组织公司股东

股东即是公司的出资人，也称为投资者，成立一家公司首先就是要组织一定数量的投资者。

除国家有禁止或限制的特别规定外，有权代表国家投资的政府部门或机构、企业法人、具有法人资格的事业单位和社会团体、自然人都可以成为公司的股东。

（二）确定公司名称

申请名称预先核准的时候，应当提交下列文件：全体股东签署的公司名称预先核准申请书；股东的法人资格证明或者自然人的身份证明。

（三）确定公司地址

1. 公司的地址必须跟递交申请的注册机构的级别相一致。

2. 公司地址所在地必须具备完整的产权证明文件。产权证明文件证明该所在地归谁所有，一般是指房产证。

3. 一个地址只能注册一家有限公司，如果定的地址以前已经注册过一家公司而且那家公司现在还没有搬走或注销，那么现在就不能用来再注册一家公司，即使是原来的公司搬走了，也要确认那家公司有没有办理地址变更手续。

4. 有些地方的工商局对注册有限公司的房屋档次有所要求，在注册之前必须了解当地的规定，或者到工商局先咨询清楚。

5. 如果公司地址所在地的所有权不属于任何一个股东的，那么必须由其中一个股东跟业主签订一个租赁合同。租赁合同一般要签 1 年以上。

【知识链接】

企业选址技巧策略

创业企业都需要有经营场所，企业的选址与未来的经营发展有着很大的关系。对于创业者来说，将创业的地点选在哪个城市、哪个区域是一件先决性的事情。尤其是以门店为主的商业或服务型企业，店面的选择往往是成功的关键。好的选址等于成功了一半。不同类型的创业企业，在选址上优先考虑的因素是不同的。

1. 生产性质的创业企业选址。这类创业企业在选址时要考虑具备生产条件：交通方便，便于原料运进和产品运出；生产用电要满足，生产用水要保证；生产所使用的原料基地要尽量离企业不远；所使用的劳动力资源要尽量就地解决；考虑当地税收是否有优惠政策等。如果是一些可能对环境造成影响的生产项目，还须考虑环保因素。

2. 商业性质的创业企业选址。这类创业企业在选址时应考虑创业地的实际情况、客流量、店铺租金等。如在城市，若干个商业圈往往带动圈内商业的规模效应，选择在商业圈内会较易经营。但与繁华商圈寸土寸金的消费能力相应，店铺租金或转让费也是寸土寸金，往往会让创业者捉襟见肘，想要得一立足之地倍感困难。因而可以在商业圈内利用联合经营、委托代销等方式，或者在商业圈边缘选址，转向"次商圈"，将因此而节约下来的资金用于货品升级、提升服务等。在选址时要有"借光"的意识，比如在体育馆、展览馆、电影院旁边选址等。如果选择商圈之外的经营场所，则要注意做出特色，形成自己独特的风格，以达到"酒香不怕巷子深"的效果。

3. 服务性质的创业企业选址。这类创业企业在选址时要根据具体的经营对象灵活选址，但对客流量要求较高。"天下熙熙，皆为利来；天下攘攘，皆为利往"，客流一定意义上就等于财流。在车水马龙、人流量大的地段经营，成功的概率往往比在人迹罕至的地段要高得多，但也应结合企业的目标消费群体特点，如针对居民的应设在居民社区附近,针对学生的则应设在学校附近。如果以订单为主,低成本、高效能的办公楼成为首选。

目前,创业的年轻人多以从事服务性和知识性产品的创业者为主,集中在网络技术、电子科技、媒体制作和广告等产业。这些性质的公司可以选在行业聚集区或较成熟的商务区以及新兴的创意产业园区。

在选择经营场地时,各行业的考虑重点各不相同,其中有两项因素是不容忽略的,即租金给付的能力和租约的条件。经营场地租金是最固定的营运成本之一,即使休息不营业,也得支出。有些货品流通迅速、空间要求不大的行业,如精品店、高级时装店、餐厅等,负担得起高房租,就设于高租金区;而家具店、旧货店等,因为需要较大的空间,最好设在低租金区。

资料来源:张燕.创新创业经营决策模拟教程[M].南京:东南大学出版社,2016.

(四)预定公司经营范围

经营范围是指国家允许企业法人生产和经营的商品类别、品种及服务项目,反映企业法人业务活动的内容和生产经营方向,是企业法人业务活动范围的法律界限,体现企业法人民事权利能力和行为能力的核心内容。根据 2013 年最新《中华人民共和国公司法》的规定,对公司的经营范围有以下要求:

1. 公司的经营范围由公司的章程规定,公司不能超越章程规定的经营范围申请登记注册。

2. 公司的经营范围必须进行依法登记,公司的经营范围以登记注册机关核准的为准。公司应当在登记机关核准的经营范围内从事经营活动。

3. 公司的经营范围中属于法律、行政法规限制的项目,在进行登记之前，必须依法经过批准。

4. 如果提交的经营范围里面某些项目不符合要求，工商局会要求修改或将它删除。

（五）确定股东出资

1. 出资方式及比例说明。

（1）货币。设立公司必然需要一定数量的货币，用以支付创建公司时的开支和生产经营费用，所以股东可以以货币进行出资。

（2）实物。实物是指有形物，即能看得见，又可摸得到的东西。实物出资一般是以机器设备、原材料、零部件、建筑物、厂房等作为出资。

（3）知识产权。知识产权是一个内容非常广泛的概念，它一般包括：发明专利、实用新型或外观设计专利、著作权、商标服务标记、厂商名称（商号）、货源标记或原产地名称等。

（4）非专利技术。确切地说应当是非专利成果，非专利技术是指不为外界所知的、在生产经营活动中已采用了的、不享有法律保护的各种技术和经验。[①]

2. 股东出资必须符合下列要求：

（1）股东以货币出资的，应当将货币出资一次足额存入准备设立的有限责任公司在银行开设的临时账户。

（2）股东以实物、知识产权、非专利技术、土地使用权出资的，必须进行评估作价，并依法办理转移财产或者使用权的手续，这里的手续是指过户手续，比如以房产出资的必须到房管部门办理转让所有权的手续。

资产评估必须找具有法定评估资格的机构（如资产评估公司

---

① 沈涛. 物流企业会计［M］. 上海：立信会计出版社，2005.

或会计师事务所等）来进行，这些机构对资产评估完后会出具资产评估报告书。

以新建或新购入的实物作为投资的，也可以不经过评估，但要提供合理作价证明。建筑物以工程决算书为依据，新购物品以发票上的金额为出资额。

（3）以知识产权、非专利技术作为出资的金额不得超过公司注册资本的20%。但是，国家对于采用高新技术成果有特别规定的除外。

资产评估和验资是不同的，资产评估是指评价出实物、知识产权等的具体价值，验资是指证实具体出资的真实性及合法性。

（六）确定公司的组织管理结构

1. 股东大会。股东大会行使下列职权：（1）决定公司的经营方针和投资计划；（2）选举和更换董事，决定有关董事的报酬事项；（3）选举和更换由股东代表出任的监事，决定有关监事的报酬事项；（4）审议批准董事会的报告；（5）审议批准监事会或者监事的报告；（6）审议批准公司的年度财务预算方案、决算方案；（7）审议批准公司的利润分配方案和弥补亏损方案；（8）对公司增加或者减少注册资本，作出决议；（9）对发行公司债券作出决议；（10）对股东向股东以外的人转让出资作出决议；（11）对公司合并、分立、变更公司形式、解散和清算等事项作出决议；（12）修改公司章程。

2. 董事会。董事会设董事长1人，可以设副董事长1~2人。董事长、副董事长的产生办法由公司章程规定。

董事会对股东会负责，行使下列职权：（1）负责召集股东会，并向股东会报告工作；（2）执行股东会的决议；（3）决定公司的经营计划和投资方案；（4）制定公司的年度财务预算方案、决算方案；（5）制定公司的利润分配方案和弥补亏损方案；（6）制定公司增加或者减少注册资本的方案；（7）拟订公司合并、分立、变更公司形式、解散的方案；（8）决定公司内部管理机构的设置；（9）聘任或者解聘公司经理（总经理）（以下简称经理），根据经理的提名，聘任或者解聘公司副经理、财务负责人，决定其报酬事项；（10）制定公司的基本管理制度。按照《中华人民共和国公司法》的规定，如果公司的股东人数较少和规模较小，可以设1名执行董事，不设立董事会。执行董事的职权可以参照董事会职权进行确定。

3. 监事会。也称公司监察委员会，其成员不得少于3人。监事会由股东代表和适当比例的公司职工代表组成，具体比例由公司章程规定。监事会中的职工代表由公司职工民主选举产生。有限责任公司，股东人数较少和规模较小的，可以设1~2名监事。董事、经理及财务负责人不得兼任监事。

监事会或者监事行使下列职权：（1）检查公司财务；（2）对董事、经理执行公司职务时违反法律、法规或者公司章程的行为进行监督；（3）当董事和经理的行为损害公司的利益时，要求董事和经理予以纠正；（4）提议召开临时股东会；（5）公司章程规定的其他职权。

4. 经理。经理是公司中对内有业务管理权限、对外有商业代理权限的人。总经理对董事会负责，行使下列职权：（1）主持公司的生产经营管理工作，组织实施董事会决议；（2）组织实施公司年度经营计划和投资方案；（3）拟订公司内部管理机构设置方案；（4）拟定公司的基本管理制度；（5）制定公司的具体规章；（6）提请聘任或者解聘公司副经理、财务负责人；（7）聘任或者解聘除应由董事会聘任或者解聘以外的负责管理人员；（8）公司章程和董事会授予的其他职权。副总经理是总经理的副手。当总经理因故不能行使职权时，可授权副总经理代行其职权；一般情况下，协助总经理总览公司业务工作。

（七）确定公司的法定代表人

以下自然人不得做公司法人：

1. 无民事行为能力或者限制民事行为能力。

2. 因犯有贪污、贿赂、侵占财产、挪用财产罪或者破坏社会经济秩序罪，被判处刑罚，执行期满未逾五年，或者因犯罪被剥夺政治权利、执行期满未逾五年。

3. 担任因经营不善破产清算的公司、企业的董事或者厂长、经理，并对该公司、企业的破产负有个人责任的，自该公司、企业破产清算完结之日起未逾三年。

4. 担任因违法被吊销营业执照的公司、企业的法定代表人，并负有个人责任的，自该公司、企业被吊销营业执照之日起未逾三年。

5. 个人所负数额较大的债务到期未清偿。

6. 国家公务员不得兼任公司的董事、监事、经理，也不得担任公司法定代表人。

（八）制定公司章程

公司章程是关于公司组织和行为的基本规范。公司章程不仅是公司的自治法规，而且是国家管理公司的重要依据。公司章程具有以下作用：

1. 公司章程是公司设立的最主要条件和最重要的文件。

2. 公司章程是确定公司权利、义务关系的基本法律文件。

3. 公司章程是公司对外进行经营交往的基本法律依据。

公司章程是注册一家公司最主要的文件之一，它由股东共同制定，经全体股东一致同意，由股东在公司章程上签名盖章。公司章程对公司、股东、董事、监事、经理具有约束力。

四、企业注册的基本流程与方法

（一）企业开办的注意事项

1. 法人资格。法人是具有民事权利能力和民事行为能力，依法独立享有民事权利和承担民事义务的组织。法人企业或机构都必须由董事会任命法人代表，内资企业法人代表可以是有选举权的守法中国公民，不一定占有股权。法人代表不应有税务不良记录，否则会带来不必要的税务困难。

2. 注册资金。个体户和分公司是不需要注明注册资金的，注册资本实行认缴制后，取消了最低注册资本的要求，而且首次不需要实际出资，也无须再提供验资报告，这大大降低了注册公司的成本，换句话说，现在是近乎零成本注册公司。

3. 公司住所。根据 2013 年的《公司法》和 2007 年的《物权法》的规定，公司注册的商业产权证上的办公地址最好是写字楼，对创业者来说，目前有很多经济园区或孵化机构可以免费或优惠提供公司住所。

4. 银行开户。领取营业执照后，须去银行开立基本账号，各个银行开户，要求略有不同，开基本户需要提前准备好各种材料，一般包括营业执照正本原件、身份证、组织机构代码证、公财章、法人章等。基本存款账户是存款人因办理日常转账结算和现金收付需要开立的银行结算账户。基本存款账户是存款人的主办账户，存款人日常经营活动的资金收付及其工资、奖金和现金的支取，应通过该账户办理。

5. 税务登记。税务是公司注册后涉及比较重要的事务，一般要求在申领营业执照后的 30 天内到税务局办理税务报到程序，核定税种税率，办理税务登记证等。另外，每个月要按时向税务申报税，即使没有开展业务不需要缴税，也应进行零申报。

（二）企业注册流程

企业注册的一般步骤如下（见图 5-3）：

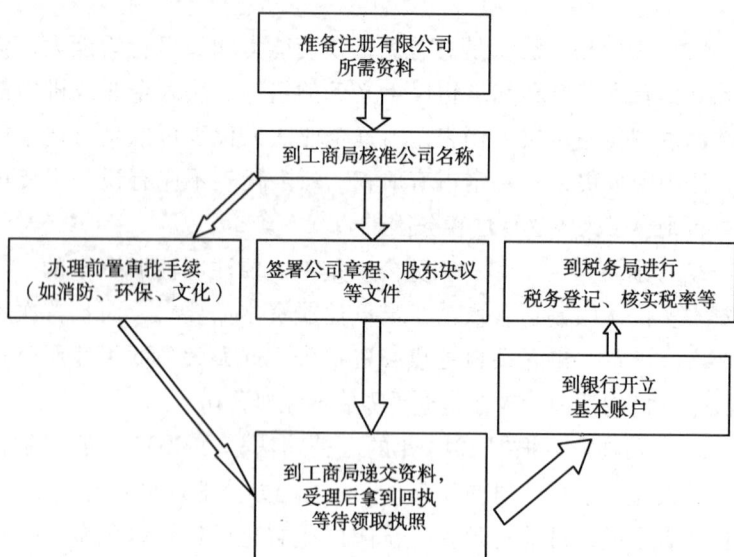

图 5-3　国内有限公司注册流程

第一步：核名。注册公司第一步就是公司名称审核，即查名。创业者需要通过市工商行政管理局进行公司名称注册申请，由工商行政管理局三名工商查名科注册官进行综合审定，给予注册核准，并发放盖有市工商行政管理局名称登记专用章的《企业名称预先核准通知书》。

此过程中申办人需提供法人和股东的身份证复印件，并提供公司名称 2~10 个，写明经营范围、出资比例。公司名称要符合规范，例如，北京（地区名）＋某某（企业名）＋贸易（行业名）＋有限公司（类型）。

第二步：租房。根据《公司法》和《物权法》的规定，公司注册的商业产权证上的办公地址最好是写字楼，对创业者来说，目前有很多经济园区或孵化机构可以免费或优惠提供公司住所。去专门的写字楼租一间办公室，如果创业者有厂房或者办公室也可以，有的地区不允许在居民楼里办公。租房后要签订租房合同，并让房东提供房产证的复印件。

第三步：编写公司章程。可以在工商局网站下载"公司章程"的样本，参照进行修改。章程最后由所有股东签名。

第四步：特殊经营范围审批。如新创企业的经营范围中涉及特种行业许可经营项目，则须报送相关部门报审盖章。特种许可项目涉及旅馆、印铸刻字、旧货、典当、拍卖、信托寄卖等行业，需要消防、治安、环保、科委等行政部门审批。特种行业许可证办理，根据行业情况及相应部门规定不同，分为前置审批和后置审批。

第五步：办理公司登记注册。工商局经过对企业提交的材料进行审查，确定符合企业登记申请，并经工商局核定，即发放工商企业营业执照，并公告企业成立。

相关材料包括：公司章程、名称预先核准通知书、法人和全体股东的身份证、公司住所证明复印件（房产证及租赁合同）、前置审批文件或证件、生产性企业的环境评估报告等。当以上资料全部准备完整之后，就可以向工商局申请公司的登记注册了，它主要包括以下几个步骤：

第一，凭《企业名称预先核准通知书》，向公司登记机关领取相应的公司登记注册申请表，然后填写表格内容，主要包括公司名称、地址、股东、法定代表人等信息。

第二，准备所有工商局要求的资料，包括：

（1）法定代表人及自然人股东的相片，一般为大一寸相片，黑白或彩色都可以（在办理一家公司的整个过程中，在不少地方都要贴上相片，法定代表人要准备约十张，股东要准备约三张）。

（2）所有股东的身份证原件及复印件，如果股东有企业法人，则必须准备其营业执照的原件及复印件。如果法定代表人的户口不在公司注册的所在地，必须办理在当地的暂住证。

（3）公司董事长签署的设立登记申请书。

（4）全体股东指定代表或者共同委托代理人的证明。

（5）公司章程。

（6）载明公司董事、监事、经理的姓名、住所的文件以及有关委派、选举或者聘用的证明。

（7）《企业名称预先核准通知书》。

（8）公司住所证明（房屋产权证或能证明产权归属的有效文件。租赁房屋还包括使用人与房屋产权所有人直接签订的房屋租赁协议书或合同）。

（9）有的工商局还会要求提供其他一些证明，如自然人股东的计划生育证明（结婚证或未婚证）、特殊行业的前置审批及其相关文件，最好在注册之前先到工商局问清楚，使材料能够一次性准备齐全。

第三，由公司全体股东（发起人）指定的代表或共同委托的代理人将上面所有的材料递交给工商局。工商局收到申请人的全部材料后，发给《公司登记受理通知书》。

第四，工商局发出《公司登记受理通知书》后，对提交的文件、证件和填报的登记注册书的真实性、合法性、有效性进行审查，并核实有关登记事项和开办条件。

第五，予以核准的，工商局则会在核准登记之日起15日内发

《企业法人营业执照》，公司法定代表人按规定的时间到登记机关办理领照手续、缴纳登记费及有关费用后，公司法定代表人持缴纳费用的凭证、《公司登记受理通知书》和身份证在领照窗口领取《企业法人营业执照》。如法定代表人因事不能前来办理领照手续的，可委托专人持法定代表人亲笔签名的委托书及领照人身份证（原件）代领。

领取营业执照时，必须按规定缴纳登记费，标准如下：领取《企业法人营业执照》的，设立登记费按注册资本（金）总额的1‰缴纳；注册资本（金）超过1000万元的，超过部分按0.5‰缴纳；注册资本（金）超过1亿元的，超过部分不再缴纳。

第六步：办理公章、财务章。凭工商局审核通过后颁发的营业执照，到公安局指定的刻章社去刻公章、财务章（后面步骤中，均需要用到公章或财务章）。章主要包括：（1）公司公章；（2）财务专用章；（3）法定代表人私章；（4）合同专用章；（5）发票专用章。

第七步：去银行开基本户。领取营业执照后，需去银行开立基本账号，各个银行开户，要求略有不同，开基本户需要提前准备好各种材料，一般包括营业执照正本原件、身份证、公章、财务章、法人章等。基本存款账户是存款人因办理日常转账结算和现金收付需要开立的银行结算账户。基本存款账户是存款人的主办账户，存款人日常经营活动的资金收付及其工资、奖金和现金的支取，应通过该账户办理。

第八步：办理税务登记并申领发票。税务是公司注册后涉及比较重要的事务，一般要求在申领营业执照后的30天内到税务局办理税务报到程序，核定税种税率，办理税务登记证等。另外，每个月要按时向税务申报税，即使没有开展业务不需要缴税，也应进行零申报。

办理税务登记必须准备以下材料：（1）《企业法人营业执照》（一般是副本）原件及复印件；（2）法定代表人身份证原件及复印件；（3）公司财务人员的会计证；（4）办税人员身份证原件及复印件；（5）银行开户许可证复印件；（6）银行账号证明文件；（7）公司章程复印件；（8）公司住所的产权证明；（9）填写税务登记表（可以事先向所在地税务局领取），并加盖公司公章。税务局（国税局和地税局）收到以上材料后进行审核，如果通过则发《税务登记证》（国税和地税是分开的两份证明）。

如果公司是销售商品的，应该到国税局申请发票，如果是服务性质的公司，则到地税局申领发票。①

【知识链接】

企业起名时需要考虑的十个问题

如何挑选一个朗朗上口，同时又恰到好处地与自己业务类型相配的公司名称，是一个挑战。以下是企业起名时需要考虑的十个问题。

1. 公司有哪些方面是希望以这个名称来完善的？一个好名称能将自己的公司与竞争对手区别开来，同时强化自身的品牌形象，这是一家命名公司的创始人史蒂夫·曼宁的观点。他明确建议，在为公司命名之前，先明确自己的品牌定位——就好像苹果公司这个命名，足以把自己同那些企业式的冠冕堂皇的名称，如 IBM 和 NEC 区别开来。苹果公司寻求的好名称是要能够支持品牌定位策略的，能让人感觉到平实、温暖、有人情味、有亲切感又与众不同。

2. 这个名称是否会太有局限性？不要太过自我束缚，要避免

---

① 徐俊祥，徐焕然. 创未来［M］. 北京：现代教育出版社，2017.

选择那种会限制公司扩大产品线或者扩展新方向的名称。以Angelsoft. com 为例，这个公司成立于 2004 年，最初目标是帮助起步公司和天使投资人之间建立联系。数年之前，这个公司意识到它同样需要吸引风险资本和其他类型的投资者。所以它付出了昂贵的代价将品牌重塑为 Gust. com，这个名称没有之前的名称那么具体化，同时也塑造了一个不错的"风中帆船"的形象。

3. 这个名称的意义是否涉及公司的业务内涵？对于大部分的企业来说，选择的名称最好还是能够提供有关自身产品和服务的信息。这并不意味着它不能同时具备朗朗上口的优点。例如，百度——这对于一个网络搜索业务来说是个好名称，因为它能吸引人们的注意力，同时也明确地联系上了这个公司的服务范围。不寻常的词汇，比如 Yahoo 和 Fogdog，有时候也能出效果，不过古怪的名称是有风险的。

4. 这个名称是否容易记住？名称越短越好，建议把名称限制在两个音节之内，同时避免使用连字符或者其他的特殊字符。尽量不要选缩略词，因为对于大部分人来说不存在任何含义。在选择一个公司或者一个产品的名称时，平实和直截了当更能树立起自己的风格，以更低成本塑造品牌。

5. 这个名称是否容易拼写？有些公司会刻意选择那些消费者没那么容易拼写对的名称。这是一个有风险的策略。名称的拼法和读法应该完全一致，这一点非常重要。否则，当念出自己公司名称或者自己公司的电子邮件地址或者网站地址的时候，就永远需要对别人把它大声拼读出来。

6. 公司的潜在客户第一次看到公司的名称是在什么情形下？"易于拼写原则"也有例外情况，特别是在大多数人会在印刷品或者在线广告上第一次看见你的名称的情况下。以 Zulily 为例，这是个为妈妈和孩子提供日常交易品的网上公司。如果你只是听到这个名称，你可能猜不出要怎么拼写它。但是，这家公司来势汹汹的在线广告活动注定了大部分人第一次看到它的时候就已经是拼出来的形态了。而回报就是，这个名称不同凡俗的读音和拼写方式塑造出了一个非常鲜明的品牌形象。

7. 这个名称是否好听或好读？名称的发音对于传达出一种活力和兴奋的感觉是很重要的，同时也必须确保潜在的客户能够很容易地念出自己公司的名称。人们能够拼写、拼读和记住的名称，就是他们熟悉的名称，如 Apple，Oracle 和 Virgin 等。

8. 公司的名称是否只对自己有意义？一个隐藏意义或者仅有私人意义的名称，不能在顾客心中树立起任何对于自己品牌的印象。比如火舌公关公司，创始人霍利甚至使用了消防队长的头衔，她把她的办公室叫作消防队，也开始提供被命名为诸如"炼狱""控制火势""火柴盒"之类的公关软件包，她的整个品牌就是围绕着这个名称本身，把相关意象无休止地扩展开来。

9. 此名称是否在视觉上有吸引力？大部分人可能都希望自己公司的名称看起来像一个标志、广告，或者广告牌。例如，Volvo——完全没有低行字母，Xerox——以相同字母开头和结尾，具有对称美。

10. 公司命名前是否进行了适当的商标检索？如果已经有人声明了对此名称的所有权，那么这个名称再好也毫无价值。同学们可以做一个粗略的网络检索，看看这个名称是否已经被使用了。接着，聘请一名商标代理律师来做一次更彻底的筛查，如果这个名称未被别人命名，同学们就可以去专利和商标局进行注册。

资料来源：徐俊祥，徐焕然．创未来［M］．北京：现代教育出版社，2017.

小　　结

创业者们都梦想拥有一家属于自己的公司，在决定创业之前，首先应该清楚自己该不该设立企业，以及何时设立。在创业者和创业团队发现了创业机会、整合了创业资源、明确了市场定位、做好了心理准备，并在心理上确保能够承受一些未知因素后，就是从法律及实践操作角度做好准备。至此，创业者们开始创业之旅。

问题六 创业成功难吗——精心经营，成功创业

27岁的武汉女大学毕业生晏琳，在2005年年初时，凭着"外婆做的烧饼大家都爱吃"的信念，第一个将土家族烧饼引入武汉。开张当日便卖断货的销售状况，不仅让晏琳自己大吃一惊，也震动了武汉三镇的小吃界。紧接着，"掉渣烧饼"很快就风靡武汉，进而席卷全国众多大城市，众多加盟店如雨后春笋。

然而，2006年3月中旬之后，"掉渣烧饼"开始退热——商家没有钱赚了，消费者尝鲜的热情开始退去。淘宝网、易趣网等网站上以3000元、100元、80元甚至38元的价格公开叫卖"掉渣烧饼"的配方、设备材料供货商名录、店头设计标准等系列文件资料，似乎更进一步注定了"掉渣烧饼"走向衰败。

总结起来，"掉渣烧饼"迅速衰败有5个原因。

一是家谱混乱。掉渣渣、掉掉渣、掉渣王、土掉渣……各式各样的名称在街头巷尾的小店招牌上都可以看到。而每一家店都声称自己卖的掉渣饼是正宗的，别人是抄袭的。

二是蜂拥而上。据不完全统计，北京各式掉渣饼店在高峰时期已经超过500家。相比之下，全球餐饮连锁巨头肯德基在北京的

数量刚过百家，而麦当劳还不足百家。

三是产品单一。虽然早就有营养学家为掉渣饼"支招儿"，说这种食品和凉拌蔬菜或色拉等搭配是最佳组合，但几乎每家掉渣饼店都顾不上玩什么"花样"，依旧坚持只做装在纸袋里的烤饼，让顾客迎着北京三月的风沙天，边走边吃。

四是急功近利。多店连自己的经营都没有做好就着急当"盟主"，掉渣饼店急于"克隆"自身是一大败笔。

五是夹杂黑心。随着前一阵子"掉渣烧饼"的走红，大量使用变质猪肉和"垃圾肉"做馅料的黑作坊也应运而生。

资料来源：许小明. 女大学生乐做"烧饼皇后"［J］. 餐饮世界，2006（8）.

此案例故事告诉我们：创业，要善于积累经验，寻找商业机会；创业，要做好充分的前期调研；创业，要有凝聚力的团队；创业，要有经得起失败的心理素质。

一、初创企业的经营管理

企业的发展分为种子期、初创期、成长期和成熟期四个阶段，新创办的企业自然处于初创期阶段。这一阶段的企业往往组织机构不完善，面临资金、技术、人才和业务开拓的困扰，企业的运行既面临风险，又会有许多机遇，有着小微企业的特殊性。

（一）企业的员工管理

比尔·盖茨曾经说过："在我的事业中，我不得不说我最好的经营决策是必须挑选人才，拥有一个完全信任的人，一个可以委以重任的人，一个为你分担忧愁的人。"①

对创业者而言，如何组成、发展、凝聚团队，做好员工的选、用、育、管、留，已成为一项必要的创业管理能力。创业者要掌握好企业的初创期、发展期和成熟期用人的不同标准和方法。初创期要的是"跨马能够闯天下"的人才；发展到一定的程度后就需要"提笔能够定太平"的人物；企业在发展过程中，只有在保持基本稳定的同时，不断地"吐故纳新"，企业才能保持旺盛的生命力。

1. 人力资源规划。人力资源规划是指通过对人力资源需求和供给的预测，制订人力资源补充计划、晋升计划、人员配置与挑战计划、培训开发计划以及薪酬计划等。创业初期的人力资源规划，需要抓住几个核心要点：企业业务定位、企业规模、企业发展计划、人力资源运行模式。

（1）创业初期的人力资源规划，应该主要从业务开展的层面（包含技术、生产、营销等主要方面）以及企业整体运营来进行思考，同时结合企业的长远发展来进行规划。

（2）从人力资源规划的角度而言，企业要建立一个比较完善的薪酬分配制度，即利益分配机制，这是最基本的游戏规则，先有规则再请人。也就是说，这里有个前提，就是要设什么部门、设什么岗位、这个岗位的职责是什么、请来的人需要完成哪些基本目标或任务等。这些问题明确了，再谈分配制度就顺理成章了。

（3）人力资源规划方面需要考虑的一个重要因素是企业的业务规模的定位问题。提前预估企业生产能力和销售前景是比较关键的。如果预估失准，要么会造成人力资源的浪费，要么会造成人员的紧缺。

---

① 天宇. 人脉关系大赢家［M］. 北京：中国致公出版社，2003.

（4）关于企业的战略定位，从整体而言，企业人力资源的规划也肯定受其影响。可能受制于多方面的因素，很多新创办的企业开始往往没有战略规划；如果有战略，人力资源规划肯定是企业整体战略的一部分。

2. 创业初期的人力资源制度。一个新公司，制度并非大而全就好，而是一些关键的制度不能少。初创企业的人力资源制度，主要有4个方面：基本的薪酬分配制度、考勤制度、人员招聘制度、奖惩制度。其他如培训制度、考核制度等实用就可以了。人力资源制度一定要结合企业的实际情况来制定，尤其是薪酬制度，要花点时间和精力，要确实能起到激励员工的作用。

3. 企业的薪酬管理。明确工作岗位所需的技能和学历以及工作的难易程度等，从而判断每个工作岗位的相对价值，以此作为薪酬管理的依据，制定公平合理的薪酬制度。

企业的薪酬管理一直困扰着很多企业领导，如果没有一套非常适合本企业的薪酬管理制度，企业领导人或者人事负责人往往会遇到很多棘手问题。初创企业必须学会建立一套科学实用的薪酬管理体系。

初创企业应如何处理薪酬问题呢？

（1）判断岗位价值。公司成立之初，虽然规模小，但依然要明确每个岗位的要求。建议首先确立各岗位的要求，如胜任该岗位的基本条件——学历、工作经验、技能要求等，基本职责——工作内容、应负责任、享受的权利等，基本职位晋升途径——薪资增长、职位提升、知识培训等。这样，每个岗位有了一个可以衡量的数据化的要素比较图，然后形成各岗位的价值比，根据价值比确定各岗位的基本薪酬，再根据企业预算及对岗位的期盼值，设立每个岗位的加薪频率与幅度。

（2）了解市场行情。看市场行情不仅看薪资总额，更要看薪资的组成部分、薪资的稳定性、薪资所涵盖的岗位要求。只有了解市场薪酬行情才可以轻松应付每一位应聘者的薪资谈判，从薪资行情及结合自身企业的定位找到最适合自己企业的员工。

了解市场行情的途径大致有：对应聘资料进行分析；通过人才中介机构寻找相关数据；分析专业人才网站的薪资行情信息等。

（3）薪酬的周全性。员工可以分为投资型、契约型与利用型。投资型员工视为企业战略合作伙伴，注重长期合作及风险分担，可用赠与股份与让其投资少部分风险金相结合，以满足其薪酬要求；契约型员工主要指确实有能力但很"现实"的那部分员工，企业可以对其提出的要求与企业对其的要求结合起来，并通过合约的方式确立双方的权利与义务，明确违约责任；利用型员工要求员工根据企业的制度来执行，并根据员工的动态及企业要求灵活调整制度，以满足企业与员工的要求。

（4）薪资谈判方式。一般企业在招聘时采取一对一的薪资谈判方式，有以下策略供参考：与应聘者一起探讨他进入公司后可能产生的作用、能力、业绩等，以及公司主动配合给他的资源，如政策、培训机会、晋升机会等，在双方相互认同及愉快的氛围中再谈薪资问题，一般会比较顺利。

【知识链接】

用人的四项基本原则

管理大师彼得·德鲁克曾经总结出用人的四项基本原则。

1. 确保各项职位的合理性。如果某项工作已连续使两三个人觉得无法胜任，而这些人在过去的岗位上却有出色的表现，那么管理者就必须认识到问题不在人的身上，而需要对这个职位重新设计。

2. 确保自己管辖的职位既有很高的要求，又有宽广的范围。

管理者应使设置的职位具有很大挑战性，这样有利于员工发挥自己的优势和特长。而同时，又可以保证它有足够的回旋余地，使员工容易将自身的优势变成重大的成果。

3. 人尽其才。管理者将某人安置在某个职位上时，要充分考虑这个人的特点、长处和条件，使职位能最大限度地发挥他的潜能和长处。

4. 用人之长，管理者就必须容忍他们的短处。用人之长，一方面可以激励人才的职业发展；另一方面可以保证组织的运作效率。

资料来源：[美] 彼得·德鲁克. 有效的管理者 [M]. 屠瑞华译. 北京：工人出版社，1989.

（二）企业的财务管理

1. 规范记账方法。记账方法是根据单位所发生的经济业务（或会计事项），采用特定的记账符号，并运用一定的记账原理（程序和方法），在账簿中进行登记的方法。

出纳人员为了对会计要素进行核算，反映和监督企业的经济活动，按一定原则设立会计科目，并按会计科目开设了账户之后，就需要采用一定的记账方法将会计要素的增减变动登记在账户中。

按照登记经济业务方式的不同，记账方法可分为单式记账法和复式记账法。复式记账法又因其构成要素的不同而分为借贷记账法、增减记账法和收付记账法。借贷记账法是目前世界上通用的记账方法。收付记账法和借贷记账法都是由单式记账法逐步发展、演变为复式记账法的。

我国现行税收会计采用借贷记账法。这是以税务机关为会计实体，以税收资金活动为记账主体，采用"借""贷"为记账符号，运用复式记账原理，来反映税收资金运动变化情况的一种记账方法。其会计科目划分为资金来源和资金占用两大类。它的所有账户分为"借方"和"贷方",左"借"右"贷","借方"记录资金占用的增加和资金来源的减少,"贷方"记录资金占用的减少和资金来源的增加。

税收会计的记账规则是:对每项税收业务,都必须按照相等的金额同时记入一个账户的借方和另一个账户的贷方,或一个账户的借方(或贷方)和几个账户的贷方(或借方)即"有借必有贷、借贷必相等"。

2. 成本控制。成本控制是一个复杂的系统学科,对于众多小本创业者来说,有成本控制的想法是很重要的。与此同时,成本控制中的几个原则也应引起重视。

(1)经济原则。因推行成本控制而发生的成本不应超过因缺少控制而丧失的收益。有些企业为了赶时髦,不计工本,搞了一些华而不实的烦琐手续,效益不大,甚至得不偿失。经济原则很大程度上决定了在重要领域中选择关键因素加以控制。经济原则要求能降低成本,纠正偏差,具有实用性。

(2)因时制宜原则。对大型企业和小型企业、老企业和新企业、发展快和相对稳定的企业、不同行业的企业,以及同一企业的不同发展阶段,管理重点、组织结构、管理风格、成本控制方法和奖励形式都应当有所区别。例如,新企业的重点是销售和制造,而不是正常经营后的经营效率,要开始控制费用并建立成本标准;扩大规模后管理重点转为扩充市场,要建立收入中心和正式的业绩报告系统;规模庞大的老企业,管理重点是组织的巩固,需要周密的计划和建立投资中心。适用所有企业的成本控制模式是不存在的。

(3)全员参与原则。对领导层的要求:重视并全力支持;具有完成成本目标的决心和信心;具有实事求是的精神,不可好高骛远,更不宜急功近利、操之过急,唯有脚踏实地,按部就班,才能逐渐取得成效;以身作则,严格控制自身的责任成本。对员工的要求:具有控制愿望和成本意识,养成节约习惯;合作;正确理解和使用成本信息,据以改进工作,降低成本。

3. 现金管理。如下七个步骤可改善现金流,确保初创企业的现金流健康、顺畅:

(1) 为客户开发产品或项目时,向他们收取预付金,让他们而不是你自己为该项目提供资金。

(2) 设置一个交货后全部收回账款的期限,比如要求在交货后 30 天内或 60 天内付款,尽可能快地收回资金。

(3) 和供应商谈判,争取获得 30 天或更长的付款期限。先从顾客那里收到钱,再付款给供应商。

(4) 预先设置一个收款的程序。如果顾客延期付款,就要不断催款。

(5) 银行的贷款利率通常要比供应商收取的滞纳金要少。在紧急情况下,不妨向银行贷款,还清供应商的钱,这也能在短期内弥补现金流的不足。

(6) 收账代理机构可以帮忙,不必等 30 天或 60 天,立即就可以拿到现金。但是使用代收服务需要费用,在使用前,要先想想哪种方式更划算。

(7) 个人需要花的钱,尽量不要从公司支取。从公司拿走钱,也就减少了现金流的总量,而它本来可以促进公司的发展。

【知识链接】

财务管理问题与应对办法

据有关创业初期的小企业调查显示:在创业初期企业财务上的内部控制制度总的来说残缺不全,比如财务清查制度、成本核算制度、财务收支审批制度等基本制度不健全，或者虽然建立了相关制度，但也不能落实在行动中，形同虚设。财务内部控制的后果之一就是作为内部控制的环境要素，会计资料的真实性和完整性令人怀疑。

财务问题的解决办法主要有以下几种：

1. 加强专业化管理。聘请专业的财务人员，加强财务部门的管理，培训或学习必要的财务知识，防止在创业初期酿成大错。

2. 保持会计记录的准确完整。建立必要的会计制度，加强对员工的专业培养和后续教育，防止出现会计记录混乱、错误或不完整，这是财务管理其他职能的前提。

3. 建立健全财务职务分离制度。对于记账、出纳、保管等不相容的职务实行分离，应尽量由不同人员担任，减少错误和舞弊出现的可能性。根据分工原则，做到账务清晰，分工明确，不留死角和漏洞。

4. 避免任人唯亲。特定的亲属关系会弱化企业内部相互制约的力量，使创业初期企业内部控制制度的作用得不到充分发挥，极易产生不公平感，影响企业整体的激励机制。

5. 建立完善的资产管理制度，加强资产保全。小企业创业期事多而杂乱，使企业处于忙碌和混乱状态。资产的买入、售出，手法手续不规范，常常因为有意或无意，使宝贵的资产浪费，资产的保全是加强内部财务控制的重要任务。首先要建立控制制度，在物资采购、领用、销售等方面建立合理的操作程序，从制度上保证操作规范，堵住漏洞，维护安全。其次，财产管理和财产记录一定要分开，形成有力的内部牵制，不能把财务管理、记录、检查核对等一系列工作交由一个人来处理。最后，要定期检查，揭露问题，促进管理的改善及责任的加强。

6. 建立严格的授权审批制度，加强授权审批的管理。企业初始创业时往往由几个合伙人发起，每个人都应该承担责任和义务，并且这几个人之间最好能够做到相互制约、相互促进、相互平衡。及时沟通消除障碍，有利于小企业的成长。

资料来源：徐俊祥，徐焕然. 创未来 [M]. 北京：现代教育出版社，2017.

（三）创业企业的营销管理

1. 销售渠道与方式选择。销售渠道是企业把产品向消费者转移的过程中所经过的路径。这个路径包括企业自己设立的销售机构、代理商、经销商、零售店等。对企业来说，销售渠道起到物流、资金流、信息流、商流的作用，完成厂家很难完成的任务。不同的行业、不同的产品、企业不同的规模和发展阶段，销售渠道的形态各不相同。合理选择分销渠道的实质是合理选择中间商，它对企业生产经营活动和发展市场经济具有十分重要的意义。

合理的销售渠道有利于企业降低营销费用，扩大销量，提高供给能力和经济效益，可以帮助企业掌握市场供求信息，扩大服务项目，提高市场占用率，还可以有效地平衡供求关系，简化流通渠道，方便顾客购买。

网络销售、电话订购和电视购物频道等模式的成熟，给渠道带来新的变革，消费者的行为习惯也随之发生改变。若创业企业能抓住新的机遇，及时调整营销渠道、战略方向，与时俱进、不断创新，必然取得创业成功。

2. 新创企业的定价策略。新产品的定价是营销策略中一个十分重要的问题。它关系到新产品能否顺利进入市场，能否站稳脚跟，能否获得较大的经济效益。新产品的定价策略，主要有三种：

（1）取脂定价策略。又称撇油定价策略，是指企业在产品寿命周期的投入期或成长期，利用消费者的求新、求奇心理，抓住激烈竞争尚未出现的有利时机，有目的地将价格定得很高，以便在短期内获取尽可能多的利润，尽快地收回投资的一种定价策略。其名称来自从鲜奶中撇取乳脂，含有提取精华之意。

（2）渗透定价策略。又称薄利多销策略，是指企业在产品上市初期，利用消费者求廉的消费心理，有意将价格定得很低，使新产品以物美价廉的形象，吸引顾客，占领市场，以谋取远期的稳定利润。

（3）满意价格策略。又称平价销售策略，是介于取脂定价和渗透定价之间的一种定价策略。取脂定价法定价过高，对消费者不利，既容易引起竞争，又可能遇到消费者拒绝，具有一定风险；渗透定价法定价过低，对消费者有利，对企业最初收入不利，资金的回收期也较长，若企业实力不强，将很难承受。而满意价格策略采取适中价格，基本上能够做到供求双方都比较满意。

3. 新创企业的品牌策略。新创企业的品牌设计要求：

第一，简洁醒目，易读易懂，使人在短时间内产生印象，易于理解记忆并产生联想。

第二，构思巧妙，暗示属性。品牌应是企业形象的典型概括，反映企业个性和风格，产生信任。

第三，富蕴内涵，情意浓重。品牌可引起顾客强烈兴趣，诱发美好联想，产生购买动机。

第四，避免雷同，超越时空。在我国品牌雷同的现象非常严重。据统计，我国以"熊猫"为品牌名称的有 311 家，"海燕"和"天鹅"两个品牌分别由 193 家和 175 家同时使用。[①]

4. 新创企业的商品包装策略。

（1）包装要求。在新创企业市场营销中，为适应竞争的需要，

---

① 程宇宁. 品牌策划与推广 [M]. 北京：中国人民大学出版社，2016.

包装要考虑不同对象的要求。

消费者的要求。由于社会文化环境不同，不同的国家和地区的消费者对产品的包装要求不同。因此，包装的颜色、图案、形状、大小、语言等要考虑不同国家、地区、民族等消费者的习惯和要求。

运输商的要求。运输商考虑的是商品能否以最少的成本安全到达目的地，所以要求包装必须便于装卸、结实、安全，不至于在到达目的地前损坏。

分销商的要求。分销商不仅要求外包装便于装卸、结实、防盗，而且内包装的设计要合理、美观，能有效利用货架，容易拿放，同时能吸引顾客。

政府要求。随着人们绿色环保意识的加强，要求企业包装材料的选择要符合政府的环保标准，节约资源，减少污染，禁止使用有害包装材料，实施绿色包装战略。同时要求标签符合政府的有关法律和规定。

（2）包装策略。类似包装策略，也叫产品线包装策略，指企业生产的各种产品，在包装上采用相同的图案、相近的颜色，体现出共同的特点。它可以节约设计和印刷成本；易树立企业形象，提高企业声誉及新产品推销。但某一产品质量下降会影响到类似包装的其他产品的销路。

等级包装策略。一是不同质量等级的产品分别使用不同包装，表里一致；二是同一商品采用不同等级包装，以适应不同购买力水平或不同顾客的购买心理。

异类包装策略，指企业各种产品都有自己独特的包装，设计上采用不同风格、不同色调、不同材料。它使企业不致因某一种商品营销失败而影响其他商品的市场声誉，但增加了包装设计费用，新产品进入市场时需更多的销售推广费用。

配套包装策略，指企业将几种相关的商品组合配套包装在同一包装物内。它方便消费者购买、携带与使用；利于带动多种产品销售及新产品进入市场。

再使用包装策略，指包装物内商品用完之后，包装物本身还可用作其他用途。它通过给消费者额外的利益而扩大销售，同时包装物再使用可起到延伸宣传的作用。但这种刺激只能收到短期效果。

附赠品包装策略，指在包装物内附有赠品以诱发消费者重复购买。

更新包装策略，指企业的包装策略随市场需求的变化而改变的做法。可以改变商品在消费者心目中的地位，进而收到迅速恢复企业声誉之效。

5. 新创企业的客户管理。客户是创业企业生存与发展的根本，客户管理不仅是创业企业获得稳定销售收入的保障，而且也是创业企业提高竞争力的有效手段。

（1）客户的分类及客户资料的搜集。要对客户进行管理，首先应搞清楚客户到底包括哪些，他们又是如何分类的。客户可以按不同的方法分类，常用的主要方法有以下几种：

按客户的性质分，可分为政府机构（以国家采购为主）、特殊公司（如与本公司有特殊业务等）、普通公司、顾客个人和商业伙伴等。

按交易过程分，可分为曾经有过交易业务的客户、正在进行交易的客户和即将进行交易的客户。

按时间序列分，可分为老客户、新客户和未来客户。

按交易数量和市场地位分，可分为主力客户（交易时间长、交易量大等）、一般客户和零散客户。

客户资料的内容应尽量完整，归纳起来主要有以下几项：

基础资料，即客户最基本的原始资料。主要包括客户的名称、地址、电话、所有者、经营管理者、法人代表及他们个人的性格、兴趣、爱好、家庭、学历、年龄、能力等，创业时间、与本公司交易时间、企业组织形式、业种、资产等。

客户特征，主要包括服务区域、销售能力、发展潜力、经营观念、经营方向、经营政策、企业规模、经营特点等。

业务状况，主要包括销售实绩、经营管理者和业务人员的素质、与其他竞争者的关系、与本公司的业务关系及合作态度等。

交易现状，主要包括客户的销售活动现状、存在的问题、保持的优势、未来的对策、企业形象、声誉、信用状况、交易条件以及出现的信用问题等。

（2）客户档案的建立。经过对准客户资格的鉴定，剔除各种不合格的顾客，就可以确定一张准客户名单，以备产品销售时使用。将通过鉴定的各类准客户名单积累起来并装订成册，建立档案，就可以做成各类分析表格供销售人员进行客户分析时使用。

一般而言，通过长期的档案积累，可以将自己的客户分为三类，即现有客户、过去客户、将来客户，对其进行详尽分析，可取得许多有价值的资料。

（3）创业企业开展客户管理的原则。在客户管理的过程中，需要注意以下原则：

第一，动态管理。客户关系建立后，如果置之不顾，就会失去它的意义。因为客户的情况是在不断发生变化的，所以客户的资料也要不断加以调整，剔除过时的或已经变化了的资料，及时补充新的资料，对客户的变化要进行跟踪，使客户管理保持动态性。

第二，突出重点。不同类型的客户资料很多，我们要透过这些资料找出重点客户。重点客户不仅要包括现有客户，而且还应包括未来客户或潜在客户。这样可为企业选择新客户、开拓新市场提供资料，为企业进一步发展创造良机。

第三，灵活运用。客户资料的收集管理，目的是在销售过程中加以运用。所以，在建立客户资料卡或客户管理卡后，不能束之高阁，应以灵活的方式及时全面地提供给推销人员及其他有关人员，使他们能进行更详细地分析，使"死资料"变成"活资料"，提高客户管理的效率。

第四，专人负责。由于许多客户资料是不宜流出企业的，只能供内部使用。所以，客户管理应确定具体的规定和办法，应由专人负责管理，严格客户情报资料的利用和借阅。

【知识链接】

常见的营销方式

1. 体验式营销。体验式营销是站在消费者的感官（sense）、情感（feel）、思考（think）、行动（act）、关联（relate）等五个方面，重新定义、设计营销的思考方式。

2. 一对一营销。其核心思想是：以"顾客份额"为中心，与消费者互动对话，对待消费者强调"定制化"。

3. 关系营销。把营销活动看成一个企业与消费者、供应商、分销商、竞争者、政府机构及其他公众发生互动作用的过程，企业营销活动的核心是建立并发展这些公众的良好关系。

4. 连锁营销。将门店或销售机构进行复制扩张，把自己企业的成功经验发扬光大。连锁营销需要进行企业模式的复制，进而完成企业的连锁化发展。

5. 深度营销。就是以企业和顾客之间的深度沟通、认同为目标，从关心人的显性需求转向关心人的隐性需求的一种新型的、互动的、更加人性化的营销新模式、新观念。它通过大量人性化的沟通工作，使自己的产品品牌产生"润物细无声"的效果，保持顾客长久的品牌忠诚。

6. 网络营销。网络营销其本质是一种商业信息的特殊运行方式。基于互联网的营销方法就是根据企业经营的不同阶段，制定不同的信息运行策略，并主要通过网络方法来实现的营销推广与操作。

7. 整合营销。整合营销是指以消费者为核心重组企业行为和市场行为，综合协调地使用各种形式的传播方式，以统一的目标和统一的传播形象，传播产品信息，实现与消费者的双向沟通，迅速树立产品品牌在消费者心目中的地位，建立品牌与消费者长期密切的关系，更加有效地达到产品传播和产品行销的目的。

8. 直接营销。"直销模式"实质上就是通过简化、消灭中间商，来降低产品的流通成本并满足顾客利益最大化需求。

以上营销方式各有利弊，在进行创业实践时，创业者要综合考虑创业企业的实际状况，选择适合自己的营销方式。

资料来源：贺俊英. 大学生创业基础与实训教程［M］. 北京：高等教育出版社，2010.

（四）创业企业的组织管理

新办企业在初创阶段要求企业的组织架构越简单越好，管理制度也需要具有一定的灵活性，但是对于企业的各项管理制度必须严格执行和控制。

1. 企业组织管理的概念。企业组织管理就是通过建立企业组织结构，合理配备人员，规定职务或职位，明确责权关系，制定各项规章制度等管理活动，以使企业中的成员互相协作配合、共同劳动，有效实现企业战略目标的过程。

2. 企业组织管理的内容。组织管理主要包括组织设计、组织运作和组织调整等三项内容，具体涉及以下几个方面：

（1）设计企业的组织架构。组织架构设计是指管理者将企业内部各要素进行合理组合，建立和实施一种特定组织结构的过程，也就是根据企业的特点、外部环境和企业目标的需要，设计企业的组织层级、职能部门以及它们之间的关系，确保企业决策的制定和执行。组织设计是企业有效管理的必备手段之一，实质就是对管理人员的管理劳动进行横向和纵向的分工。

（2）建立企业的责权机制。建立企业的责权机制是指根据企业的目标责任，规定组织结构中的各种职务或职位，明确各自的责任，并授予相应的权力，有效地实现专业化分工和协作。

（3）建立企业的运行机制。企业运行机制是指企业生存和发展的内在机能及其运行方式，是引导和制约企业生产经营决策并与人、财、物相关的各项活动的基本准则及相应制度，是决定企业经营行为的内外因素及相互关系的总称。只有制定好企业的各项规章制度，建立和健全组织结构中纵横各方面的相互关系，使企业的管理制度化，才能确保企业有序而高效地运行，从而实现企业的经营目标。

【知识链接】

创业企业需要了解的 8 个管理定律

1. 劣币驱逐良币。当一个国家同时流通两种实际价值不同而法定价值一样的货币时，实际价值高的货币（良币）必然要被熔化、收藏或输出而退出流通领域，而令实际价值低的货币（劣币）充斥市场，这就是劣币驱逐良币定律。

举例来说，薪酬、晋升是企业中员工最关心的两件事情，有些人通过拍马屁、拉关系等手段获得加薪和晋升，就会造成那些兢兢业业、努力工作的人的不满，开始只是牢骚，久而久之就会消极怠工，然后就是离开这个公司，或者干脆同流合污，"良币"

变成了"劣币"。

2. 沉没成本。沉没成本是指业已发生或承诺、无法回收的成本支出，如因失误造成的不可收回的投资。沉没成本是一种历史成本，对现有决策而言是不可控成本，不会影响、也不该影响当前的行为或未来决策。从这个意义上说，在做决策时应排除沉没成本的干扰。

设想你是一位计算机销售商，你买进的 100 台单价为 8000 元的计算机现在已经过时了，某学校愿意以每台 4000 元的价格买下，你会卖吗？许多零售商不愿意，因为他们认为这样就每台都亏损了 4000 元。但如果你是一个理性决策者，你完全不应当考虑这 8000 元的原价，它是已经成为过去式的沉没成本。你应当考虑的是将来你是否能以高于 4000 元的价格卖掉你的计算机。如果不能，那么这 4000 元的价格就是你最佳的卖出价。

3. 破窗效应。一栋建筑少许破损的窗户如果不被及时修理好，将会有更多的窗户被破坏，最终破坏者甚至会闯入建筑内进行更严重的破坏。破窗理论强调着力改善错误行为，对错误行为进行及时指正、改进，避免带来负面的羊群效应。

比如企业中的考勤，如果企业实施的不是宽松的上班时间，如果有人总迟到却没有相应的管理、惩罚措施，那就会有越来越多的人迟到，并且还觉得完全不是自己的问题，而是企业管理的问题，会心安理得地迟到。

4. 墨菲定律。会出错的事总会出错。如果你担心某种情况发生，那么它就更有可能发生。

墨菲定律提醒我们：面对人类的自身缺陷，我们最好还是想得更周到、全面一些，采取多种保险措施，防止偶然发生的失误导致的灾难和损失。在企业中就要做好细节管理，任何一个细节上的失误，都可能导致严重的后果。同时我们必须学会如何接受错误，并不断从中学习成功的经验。

5. 二八法则。二八法则是 20 世纪初意大利统计学家、经济学家维尔弗雷多·帕累托提出的，他指出：在任何特定群体中，重要的因子通常只占少数，而不重要的因子则占多数，因此只要能控制具有重要性的少数因子即能控制全局。比如 80% 的公司利润来自 20% 的重要客户。但这一法则也不是放之四海而皆准：有的企业认为，20% 的员工创造了 80% 的价值，领导者把关注的焦点放在 20% 优秀员工身上，这会对企业文化等方面造成不好的影响。

6. 木桶原理。木桶原理又称短板理论，其核心内容为：一只木桶盛水的多少，并不取决于桶壁上最高的那块木块，而恰恰取决于桶壁上最短的那块。但无论从个人的发展还是企业的发展来看，依照木桶原理的每块板都均衡发展是很难实现的，也很容易进入平庸化的误区。

后来又出现了反木桶原理：木桶最长的一块木板决定了其特色与优势，在一个小范围内成为制高点；对组织而言，凭借其鲜明的特色，就能在市场上具有一定的影响力而占据一定的优势，而且这种先发优势也有利于后续其他方面、其他板块的完善。对于创业企业来说，更是如此。

7. 长尾理论。长尾理论是伴随着互联网的兴起而出现的，由美国前《连线》杂志主编克里斯·安德森提出。简单来说就是随着互联网的普及及配套服务的发展，以前一些需求和销量不高的产品所占据的共同市场份额，可以和主流产品的市场份额相媲美，甚至规模更大。长尾实现的是许许多多小市场的总和等于、甚至大于一些大市场。

8. 马太效应。马太效应是指好的越好、坏的越坏、多的越多、少的越少的一种现象。任何个体、群体或地区，一旦在某一个方面（如金钱、名誉、地位等）获得成功和进步，就会产生一种积累优势，就会有更多的机会取得更大的成功和进步。这也反映了贫者越贫、富者越富、赢家通吃的经济学现象，比如中国互联网界的百度、阿里、腾讯三巨头。

资料来源：匙敏. 创业时你需要了解的管理定律［J］. 创业邦，2013（11）.

二、未雨绸缪，防范风险

创业路上有许多不可把握的未知因素，有人形容创业的风险如同女人怀孕一般，需要时刻提心吊胆，需要不断提升自己的能力，才能保证"孩子"顺利的生产。在创业的过程中，创业者面对的是不确定的未来，这种不确定性注定了风险的存在。创业者在决定创业之前都是信心百倍、志向远大。但是，企业一旦运转后，市场的各种力量会不断地修正和磨炼你。识别风险、认识风险和控制风险成为企业发展的关键要素。

（一）创业风险的含义

1. 什么是创业风险。创业风险是指企业在创业中存在的风险，即由于创业环境的不确定性，创业机会与创业企业的复杂性，创业者、创业团队与创业投资者的能力与实力的有限性，而导致创业活动偏离预期目标的可能性及其后果。风险的基本含义是损失的不确定性。发生损失的可能性越大，风险则越大。当创业机会面临某种损失的可能性时，这种可能性及引起损失的状态被称为机会风险。

2. 创业风险的特点。

（1）创业风险的客观存在。即指创业风险是客观存在的，是不以人的意志为转移的。在创业过程中，由于内、外部事物发展的不确定性是客观存在的，因而创业风险是客观存在的。客观性要求我们采取正确的态度承认创业风险，正视创业风险，认识创业成长发展规律，并积极对待创业风险。当然，客观性并不否认创业风险的存在也有主观的一面。

（2）创业风险的不确定性。创业的过程往往是由创业者一个构思或是创新技术变为现实的产品或是服务的过程。在这一过程中，创业者面临各种或内部或外部的不确定因素，如可能遭受已有市场竞争对手的排斥，进入新市场面临着需求的不确定性，新技术难以转化为生产力，顾客需求发生改变等。此外，在创业阶段投入较大，而且往往只有投入没有产出，因而可能面临资金不足的可能，从而导致创业的失败。也就是说，影响创业各种因素是不断变化难以预知的，这种难以预知造成了创业风险的不确定性。

（3）创业风险的损益双重性。创业风险对于创业收益不是仅有负面的影响，相反如果能正确认识并且充分利用创业风险，反而会使收益有很大程度的增加。

（4）创业风险的相关性。即指创业者面临的风险与其创业行为及决策是紧密相关的。不同创业者对同一风险事件有不同的认知，由于其决策或是其采取的策略不同，会面临不同的风险结果。

（5）创业风险的可变性。即指在创业的内部与外部条件发生变化的时候，必然会引起创业风险的变化。创业风险的可变性包括创业过程中风险性质的变化、风险后果的变化，以及出现新的创业风险这三个方面。

（6）创业风险的可测性与测不准性。创业风险的可测性是指创业风险是可以测量的，即可通过定性或者定量的方法对其进行估计。创业风险的测不准性是指创业风险往往会出现偏离误差范围的状况，它一般是由于创业投资的测不准、创业产品周期的测不准与创业产品市场的测不准等造成的。

（二）创业风险的识别

1. 创业风险识别的概念。风险识别是指在风险出现或出现之前，就予以识别，以有效把握各种风险信号及其产生的原因。风险识别是风险管理的第一步，也是风险管理的基础。只有在正确识别出自身所面临的风险的基础上，人们才能够主动选择适当有效的方法进行处理。

创业风险识别是创业者依据自己企业的经营活动，对创业企业所面临的现实的和潜在的风险，运用各种方法加以判断、归类并鉴定风险性质的过程。创业者如果不能正确和全面地认识创业过程中所面临的以及可能面临的潜在风险，就不可能及时发现和预防风险，也就难以采取有效的风险处理措施。

2. 创业风险识别的过程。创业风险的识别是一项复杂而细致的工作，要按特定的程序、步骤，采用适当的方法进行分析和评估。识别风险的过程包括对所有可能的风险的来源和结果进行实事求是地调查、访问，对案例进行研究，对风险进行系统而严格的分类，并评价其严重程度。风险识别的过程包含感知风险和分析风险两个环节。

（1）感知风险。感知风险是指了解客观存在的各种风险，是风险识别的基础。只有通过感知风险，才能进一步在此基础上进行分析，寻找导致风险事故发生的条件因素，为拟订风险处理方案，进行风险管理决策服务。

（2）分析风险。分析风险是指分析引起风险事故的各种因素，它是风险识别的关键。

3. 创业风险识别的途径。创业风险的识别需从风险的来源入手，包括以下几个方面：

（1）自然环境。自然环境是最基本的风险来源，如洪水、台风、地震等自然灾害都会造成损失；资源以及交通环境也会影响企业的运营状态，因此创业企业的地址以及创业项目的选择要考虑地域自然环境和自然资源的特点。

（2）社会环境。由于人的价值观的不断改变、社会经济文化环境的差异等因素，人类的行为也会成为创业的风险。如不同的种族、不同的文化给企业经营带来的风险等。同时，创业者更要考虑国家政治和法律环境对企业的影响。

（3）企业的运营环境。企业活动的性质对于识别创业风险，确定创业风险的种类起着重要的作用。因此创业企业要针对自己企业的经营方式和经营过程采用相应的风险识别方法。

创业企业在识别风险过程中通常采用两种途径：一是借助企业外部力量，利用外界的信息和资料识别风险；二是依靠企业自身力量，利用企业内部信息及数据来识别风险。

4. 创业风险识别的方法。用于识别创业风险的方法有很多，实践中具体的方法主要有以下几种：

（1）业务流程法。业务流程法是以业务流程图的方式，将企业从原材料采购直至送到客户手中的全部业务经营过程划分为若干环节，每一环节再配以更为详尽的作业流程图，据此确定每一环节进行重点预防和处置。

（2）咨询法。咨询法是以一定的代价，委托咨询公司或保险代理人进行风险调查和识别，并提出风险管理方案，供企业经营决策参考。

（3）现场观察法。现场观察法是通过直接观察企业的各种生产经营设施和具体业务活动，具体了解和掌握企业面临的各种风险。

（4）财务报表法。财务报表法是通过分析资产负债表、损益表和现金流量表等报表中的每一个会计科目，确定某一特定企业在何种情况下会有什么样的潜在损失及其成因。由于每个企业的经营活动最终要涉及商品和资金，所以这种方法比较直观、客观和准确。

（三）创业风险的防范

1. 创业前期的风险防范。

（1）谨慎选择项目，避免盲目。跟风选择既有市场需求又符合自己的创业项目，这是创业者必须好好掂量的。一般来说，创业者既要客观地分析自身的创业条件，更要冷静地分析创业环境，立足于技术项目，尽量选择技术含量高、自主知识产权明确的项目，并在技术创新的基础上做好产品市场化工作。在选择过程中切忌盲目跟风，还要切记一点，做熟不做生，一定要选择自己最熟悉、最擅长、最有经验、资源最丰富的行业来做。

（2）合理组建团队，避开熟人搭伙。在风险投资商看来，再出色的创业计划也具有可复制性，而团队的整体实力是难以复制的，因此他们在投资时，往往要看重有合作能力的创业团队，而非那些异想天开的单干者。团队对于创业是否成功至关重要，志同道合的搭档会是你事业成功的无价之宝。因此，组建创业团队时要考虑专业互补、能力互补、性格互补，要使组建的团队有战斗力，避免熟人搭伙。

（3）注重实战磨炼，回避准备不足。经验不足，缺乏从职业角度整合资源、实施管理的能力，将大大影响创业者创业的成功率。要成功创业，最好先经历过实践的磨炼，先利用业余时间创立一些投资少、见效快、风险小的实体，培养自主自强的创业能力、适应社会的能力，通过实践增加创业体验，熟悉社会环境，学会社会交往。同时，对创业的决策要科学，要深思熟虑，该想到的困难要想到，回避准备不足，以克服决策的随意性。

2. 创业中期的风险防范。

（1）强化内部管理，培养骨干队伍。一个企业要想持久地保持活力，除了要有不断的创新意识、敏锐的市场观察能力之外，严格的管理制度也是必不可少的，在出现问题时，都应该严格按照制度处理。创业中期是管理风险集中爆发的阶段，风险解决方案的核心是骨干人才队建设和培养。核心岗位人员配置时建议采用"AB岗"的方式。所谓"AB岗"是指类似"书记＋厂长"的方式，这样的方式，可以充分发挥"相互帮助、相互协调、相互监督、责任共担"的团结协作的长处，增强核心岗位决策和执行当中的正确性，避免风险的发生。

（2）积极参与竞争，杜绝急功近利。没有春天的播种，哪来秋天的丰收。对于创业的思考来说也是一样，需要一个由小到大、由不成熟到成熟、由弱到强的过程。在创业过程中，创业者要积极参与竞争，逆境中要坚韧，顺境中要冷静，作为一个创业者，必须做好与风险和困难做斗争的思想准备。创业不是一件小事情，应该克服急躁情绪，端正心态，采取稳扎稳打、步步为营、积小胜为大胜的策略。可以说，任何浮躁和急功近利的举动，对创业者都有害无益，甚至会使其前功尽弃。

（3）加强内涵建设，创立品牌形象。创业中期，创业企业要适应市场变化，采用"内抓管理、外塑形象"的策略，注重强化内涵建设，挖掘内部潜力，充分调动员工的主动性、积极性和创造性，用企业文化凝聚人心。同时，企业需要品牌来支撑企业的成长。企业品牌经营要以客户为中心，以不断创新的方式，以产品和服务来满足客户的需求，尤其是开发客户的潜在需求，并以独到的产品和服务满足客户的种种需求，这样企业的发展才有后劲。

3. 创业后期的风险防范。

（1）建立激励机制，凝聚创新人才。人才是企业发展的关键，人力资本是企业的核心资本。创业过程中，创业者与员工承担着巨大的风险，需要彼此风雨同舟、共渡难关。创业成功后，创业者关注的是未来的更大回报，而员工更关注现在的既得利益。随着企业的扩大，新员工不断加入，他们更多的是一种职业选择，创业者需要考虑建立有效的激励机制来维系企业所需的优秀员工。有效的激励机制既能保障老员工和合伙人的既得利益，又能真正凝聚创新人才，使企业得以稳步发展。

（2）尝试权力授予，完善组织架构。创业过程中，创业者主要是通过集权来实施管理。创业初步成功后，创业者应该尝试授权：一是管理问题变得又多又复杂，创业者不堪重负；二是员工渴望分享权力，希望得到更多的空间与舞台来发展自己。把一些日常性的、非核心的工作授权给中层管理人员，创业者就可以把自己从繁重的事务中解脱出来，把更多的精力集中到战略性问题的思考上。同时，创业成功后，企业为了更好地发展，必须建立一整套完善的组织架构来有效地执行决策，有计划地完成企业的既定目标。企业的组织架构需要根据企业的目标和发展阶段进行调整，创业者应该尝试围绕工作本身来完善组织，通过企业组织来实现自己的管理决策和管理理念。

（3）逐步合理扩张，健全制约机制。创业取得初步成功后，随着企业规模的扩大和实力的增强，个人追求财富的欲望膨胀，再加上市场竞争日趋激烈，创业者开始显示出脱离实际的倾向，企业行为也围绕着个人的喜好而波动，从而盲目扩张，造成企业不能与自身能力、市场需求相协调，这样是极其危险的，稍不注意就可能血本无归。因此，要有计划、有步骤、合理地扩张，建立相应的反馈机制与调控机制，健全各项规章制度，对权力进行必要的制衡，这样才能使企业稳步地成长。

股神巴菲特规避风险的方法

1956 年 26 岁的巴菲特靠亲朋凑来的 10 万美元白手起家，50年后的今天，福布斯最新全球富豪排行榜显示，巴菲特的身价已达到了近 500 亿美元。今天看来，巴菲特的故事无异于神话。但仔细分析巴菲特的成长历程，巴菲特并非那种善于制造轰动效应的人，他更像一个脚踏实地的平凡人。巴菲特是全球最受钦佩的投资家之一。

巴菲特投资攻略一：尽量避免风险，保住本金。

在巴菲特的投资名言中，最著名的无疑是这一条："成功的秘诀有三条：第一，尽量避免风险，保住资金；第二，尽量避免风险，保住本金；第三，坚决牢记第一条和第二条。"为了保证资金安全，巴菲特总是在市场最亢奋、投资人最贪婪的时刻保持清醒的头脑而急流勇退。1968 年 5 月，当美国股市一片狂热的时候，巴菲特却认为再也找不到有投资价值的股票了，他由此卖出了几乎所有的股票并解散了公司。结果在 1969 年 6 月，股市大跌渐渐演变成了股灾，到 1970 年 5 月，每种股票都比上年初下降了 50% 甚至更多。

巴菲特的稳健投资，绝不干"没有把握的事情"的策略使巴菲特避过一次次股灾，也使得机会来临时资本迅速增值。但很多投资者却在不清楚风险或自己没有足够的风险控制能力下贸然投资，又或者由于过于贪婪的缘故而失去了风险控制意识。在做任何投资之前，我们都应该把风险因素放在第一位，并考虑一旦出现风险时我们的承受能力有多强，如此才能立于不败之地。

巴菲特投资攻略二：作为一个长期投资者，而不是短期投机者。

巴菲特的成功最主要的因素是他是一个长期投资者，而不是短期投资者或投机者。巴菲特从不追逐市场的短期利益，不因为一个企业的股票在短期内会大涨就去跟进，他会竭力避免被市场高估价值的企业。一旦决定投资，他基本上会长期持有。所以，即使他错过了20世纪90年代末的网络热潮，但他也避免了网络泡沫破裂给无数投资者带来的巨额损失。

巴菲特有句名言："投资者必须在设想他一生中的决策卡片仅能打20个孔的前提下行动。每当他做出一个新的投资决策时，他一生中能做的决策就少了一个。"在一个相对短的时期内，巴菲特也许并不是最出色的，但没有谁能像巴菲特一样长期比市场表现好。在巴菲特的盈利记录中可发现，他的资产总额是呈现平稳增长而甚少出现暴涨的情况。1968年巴菲特创下了58.9%年收益率的最高纪录，也就是在这一年，巴菲特感到极为不安而解散公司隐退了。

从1959年的40万美元到2004年的429亿美元的这45年中，可以算出巴菲特的年均收益率为26%。从某一单个年度来看，很多投资者对此也许会不以为然。但没有谁可以在这么长的时期内保持这样的收益率。这是因为大部分人都被贪婪、浮躁或恐惧等人性弱点所左右，成了一个投机客或短期投资者，而并非像巴菲特一样是一个真正的长期投资者。

巴菲特投资攻略三：把所有鸡蛋放在同一个篮子里，然后小心地看好。

究竟应把鸡蛋集中放在一个篮子内还是分散放在多个篮子内这种争论从来就没停止过，也不会停止。这不过是两种不同的投资策略。从成本的角度来看，集中看管一个篮子总比看管多个篮子要容易，成本更低。但问题的关键是能否看管住唯一的一个篮子。巴菲特之所以有信心，是因为在做出投资决策前，他总是花上数个月、一年甚至几年的时间去考虑投资的合理性，他会长时间地翻看和跟踪投资对象的财务报表和有关资料。对于一些复杂的难以弄明白的公司他总是避而远之，只有在透彻了解所有细节后巴菲特才做出投资决定。

由此可见，成功的因素关键在于必须有详细周密的分析。对比之下，很多投资者喜欢道听途说或只是凭感觉进行投资，完全没有进行独立深入的分析。投资没有盈利的可靠依据，这样的投资难免会招致失败。

资料来源：赵文明．滚雪球的启示：巴菲特最经典的投资理念和方法[M]．北京：中国商业出版社，2010.

三、企业难题与解决办法

新企业的运营管理是零起点和资源有限的管理，是依靠团队的力量，依靠创新和理性冒险来推动企业的起步和发展，实现创业者的创业目标。新企业的运行管理制度应以简单适用为原则。

（一）企业发展中的市场定位

企业定位是指企业通过其产品及其品牌，基于顾客需求，将其企业独特的个性、文化和良好形象，塑造于消费者心目中，并占据一定位置，是企业生存和发展的核心竞争力。许多世界知名公司都得益于其明确的企业定位，如苹果、宝马、可口可乐公司等。

企业定位就是广告定位、产品定位、品牌定位和营销定位的有机组合。新企业在确定自己的企业定位时，就应该了解客户的消费需求，力求创新，体现自己的竞争优势。

1. 广告定位。广告定位是为了突出商品的特殊个性，即在同类商品中所没有的优点，而这些优点正是特定用户所需求的。广告定位明确了商品的市场定位，使广告宣传符合目标市场消费者的心理需求，产生诱导作用，这样的广告效果往往较好。

2. 产品定位。产品定位是指树立产品特定的形象，使之与竞争对手的产品显示出不同的特点。产品定位对于一个新创企业来说尤为重要，企业可以首先了解市场上竞争对手的产品定位情况，然后根据自己的产品属性、用途、质量以及档次等来进行定位，分析消费者的需求，突出自己产品的特征，形成一个比较清晰的市场形象，培养对自己企业产品忠诚的消费群体。

3. 品牌定位。品牌定位是指企业在市场定位和产品定位的基础上，对特定的品牌在文化取向及个性差异上的商业性决策，是建立一个与目标市场有关的品牌形象的过程和结果。也就是说为某个特定品牌确定一个适当的市场位置，使商品在消费者的心中占领一个特殊的位置，当某种需要突然产生时，随即想到的品牌，比如走在街上，想喝水时，马上会想到"农夫山泉""娃哈哈""可口可乐"。

4. 营销定位。营销定位是指企业对自己的产品在市场上的消费群体进行分析，从而确定所采取的营销策略。比如产品的消费群体的年龄阶段、消费者的性别、消费者的爱好，消费者的职业、消费者的居住地等，都需要企业的深入分析，然后瞄准分析中需要自己产品的人群来营销自己的产品，从而使企业的产品销售达到事半功倍的效果。

（二）企业发展中的市场战略

新办企业需要对企业的战略进行认真思考，因为企业的经营战略就是企业的竞争战略，企业战略得到有效实施，能使企业形成稳定而持久的竞争优势，使企业得到持续发展。企业初创阶段是企业生命周期最危险、失败率最高的时期，企业的生存需要稳定的客户、成功的销售、利润的形成以及现金流的进账，这样企业的经营业务才能持续发展，这就是新企业的战略重点。

1. 实施以关键客户需求为导向的营销战略。以客户为导向，就是实行全方位覆盖客户购买要素的营销策略，是指企业以满足客户需求、增加客户价值为企业经营出发点，在经营过程中，特别注意客户的消费能力、消费偏好以及消费行为的调查分析，重视新产品开发和营销手段的创新，以动态地适应客户需求。

新创企业应以客户为导向，大力开拓市场，尽快培养自己的关键客户群体，切不可效仿大企业建立大范围的营销网络。应选择开发满足客户独特需求，客户价值显著，效果立竿见影的产品或服务，用高品质、高客户价值的产品以及高效的客户服务赢得客户；集中力量做好关键客户的管理，维系客户的关系，并在此基础上开拓新的客户群。

2. 保持企业稳定的生产要素。

（1）确保现金流的持续性。持续不断的现金流是企业的追求目标，也是企业生存的根本。企业有足够的现金流，就能正常运转，否则，一旦现金流断裂，企业生存就会出现危机。因此，企业须加强资金使用的计划性并正确使用资金；加强应收、应付账款的管理，尽量增加应付账款，减少应收账款；有效管理库存，避免现金以库存的形式闲置，缩短存货循环周期；同时还要注意筹措资金，在现金流中断前筹到资金。

（2）吸引和留住优秀人才。人才是企业实现战略目标的重要保障，企业的生存和发展是需要人来推动的。新办企业更是要通过各种激励政策来吸引和留住人才。

3. 实行成本领先的战略。成本领先战略也称低成本战略，是指企业通过有效途径降低成本，使企业的全部成本低于竞争对手的成本，甚至是在同行业中最低的成本，从而获取竞争优势的一种战略。

成本产生于企业经营活动的各个环节，从产品设计、材料采购、产品制造到产品销售及售后服务的全过程中，时刻都有成本发生。因此，控制成本不是控制哪一个环节的成本，尤其不能误解为只控制制造成本，而是必须全过程控制，从而达到综合成本最低。只有综合成本最低，才能保障成本领先战略的实施。

企业降低成本的途径和方法主要有：

（1）提高资金运作水平；

（2）以销定产，避免造成库存积压；

（3）科学采购，降低采购成本；

（4）提升原材料的使用率，提高设备产能与成品率，降低生产成本；

（5）强化销售费用的使用效率，降低销售成本；

（6）提高技术水平，通过管理创新降低成本。

小　结

新创企业在创业初期与成熟公司具有明显的不同，首要任务是在市场中生存下来，让消费者承认并接受自己的产品。在激烈的市场竞争中，对已经建立一定竞争优势的、强大的竞争者有利，因为它们已经树立了自己的优势，包括品牌、服务、渠道等。作为新入行的企业，只有打破原有竞争格局才能够扭转不利局面。在核心竞争能力尚未形成时，应该采用多种方式与对手周旋，争取生存机会，然后不断积累实力，加强自身的地位。企业创立初期是以"生存"为首要目标的行动阶段；创立初期是主要依靠自有资金创造自有现金流的阶段；创立初期是充分调动"所有的人做所有的事"的群体管理阶段；创立初期是一种"创业者亲自深入运作细节"的阶段。

参考文献

[1] [美] 比尔·奥莱特. 自律型创业 [M]. 新华都商学院译. 北京：机械工业出版社，2014.

[2] [美] 彼得·德鲁克. 创新与企业家精神 [M]. 蔡文燕译. 北京：机械工业出版社，2007.

[3] [美] 杰弗里·蒂蒙斯，小斯蒂芬·斯皮内利著. 创业学 [M]. 周伟民，吕长春译. 北京：人民邮电出版社，2005.

[4] 池改梅. 如何培养学生的创新思维能力 [J]. 教育教学研究，2016 (1).

[5] 高建，邱琼. 中国创业活动评述——全球创业观察中国报告要点 [J]. 中国人才，2003 (9)：4–5.

[6] 顾桥. 中小企业创业资源的理论研究 [D]. 武汉：武汉理工大学，2003.

[7] 洪大用. 打造创新创业教育升级版 [J]. 中国高等教育，2016 (2).

[8] 黄昌建. 大学生职业生涯规划研究 [D]. 重庆：西南大学，2006.

[9] 黄鹤. 中小企业融资问题研究 [D]. 南宁：广西大学，2015.

[10] 经济日报社中国经济趋势研究院，中国社科院. 创业企业调查报告 [R]. 2017.

［11］郎洪文．创业管理［M］．北京：科学出版社，2015．

［12］李家华．创业基础［M］．北京：北京师范大学出版社，2013．

［13］李开复．做最好的创新［J］．中国企业家，1999（11）．

［14］李时椿，常建坤．创业基础［M］．北京：清华大学出版社，2013．

［15］李雪．熊彼特的企业家创新与创业劳动理论研究［D］．郑州：郑州大学，2015．

［16］辽宁省普通高等学校创新创业教育指导委员会．创业基础［M］．北京：高等教育出版社，2013．

［17］马凤岐．变革时代大学的核心价值［M］．北京：北京师范大学出版社，2013．

［18］马陆亭．高等教育支撑国家技术创新需有整体架构［J］．高等工程教育研究，2016（1）．

［19］马小辉．创业教育的生态文明［J］．教育与职业，2014（7）．

［20］潘秀虹．创业破框［J］．中国企业家，2009（2）．

［21］秦朔．硅谷的空气里飘着什么［J］．中国西部，2002（3）．

［22］沈涛．物流企业会计［M］．上海：立信会计出版社，2005．

［23］天宇．人脉关系大赢家［M］．北京：中国致公出版社，2003．

［24］推动"双创"与产业升级融合发展［N］．经济日报，2017－11－27．

［25］吴自斌，李家华．常见营销方式及其技巧［M］．北京：高等教育出版社，2010．

［26］王旭．科技型企业创生机理研究［D］．长春：吉林大学，2004．

［27］王跃新．创新思维发生及运行机制探赜［J］．吉林大学社会科学学报，2015（9）．

［28］王跃新．创造性思维训练与培养［M］．长春：吉林人民出版社，2007．

［29］魏传宪．创新思维方法培养［M］．成都：西南交通大学出版社，2006．

［30］吴振阳．创业经纬——经济与管理系列研究丛书［M］．上海：上海三联书店，2005．

［31］肖红然．知识经济时代给我们带来了什么［J］．武汉市经济管理干部学院学报，2001（1）．

［32］熊芳．基于体验经济的南昌梅岭旅游产品设计研究［J］．江西师范大学学报，2011（6）．

［33］徐俊祥，徐焕然．创未来［M］．北京：现代教育出版社，2017．

［34］徐俊祥．大学生创业基础知能训练教程［M］．北京：现代教育出版社，2014．

［35］许小明．女大学生乐做"烧饼皇后"［J］．餐饮世界，2006（8）．

［36］薛成龙等．"十二五"期间高校创新创业教育的回顾与思考［J］．中国高教研究，2016（2）．

［37］严建华．构建"基于创新的创业"教育［J］．中国高等教育，2016（12）．

［38］杨安．创业管理——大学生创新创业基础［M］．北京：清华大学出版社，2011．

［39］张静．大学生创业实战指导［M］．北京：对外经济贸易

大学出版社，2012.

［40］张秀娥．创业管理［J］．北京：清华大学出版社，2017.

［41］张学文．魅力来自综合——综合色彩思议及其探微［J］．装饰，1995（5）.

［42］张玉利，薛红志，陈寒松等．创业管理［M］．北京：机械工业出版社，2016.

［43］中小微企业占企业数 99.7% 成促增长生力军［EB/OL］.新华网，2012 - 05.

［44］钟玉泉，彭健伯．大学生创业精神和创业能力培养研究［J］．科技进步与对策，2009（8）.